中职语文教学探索与发展研究

李耀山 齐 鹏 马艳秋◎著

吉林文史出版社

图书在版编目（CIP）数据

中职语文教学探索与发展研究/李耀山，郑齐鹏，

马艳秋著 . -- 长春：吉林文史出版社，2024.1

ISBN 978-7-5752-0029-5

Ⅰ.①中… Ⅱ.①李… ②郑… ③马… Ⅲ.①语文课

-教学研究-中等专业学校 Ⅳ.①G633.302

中国国家版本馆 CIP 数据核字（2024）第 016759 号

ZHONGZHI YUWEN JIAOXUE TANSUO YU FAZHAN YANJIU

书　　名　中职语文教学探索与发展研究

作　　者　李耀山　郑齐鹏　马艳秋

责任编辑　陈　昊

出版发行　吉林文史出版社有限责任公司

地　　址　长春市福祉大路 5788 号

网　　址　www.jlws.com.cn

印　　刷　北京四海锦诚印刷技术有限公司

开　　本　185 毫米×260 毫米　1/16

印　　张　10.5

字　　数　239 千字

版　　次　2024 年 1 月第 1 版　2024 年 1 月第 1 次印刷

定　　价　52.00 元

书　　号　ISBN 978-7-5752-0029-5

前　言

　　语文是中职的基础文化课，具有工具性、思想性、人文性等特点。当前，中职语文教学有了更加明确的方向和要求：中职语文承担着培养学生获得语言理解与运用、思维发展与提升、审美发现与鉴赏、文化传承与参与等核心素养的重要使命。但目前的中职语文课，存在着学科教学目标与功能定位模糊、课堂学习氛围不浓等问题。在这样的背景下，对中职语文教学及其发展进行探究是非常有必要的，可以促进师生观念的更新，促进教育教学质量的提升，促进学生人文素养、综合素质的提升，真正引导学生获得语言文化核心素养，真正引导学生实现可持续发展，真正使学生成长为高素质的劳动者和技术技能人才。

　　鉴于此，本书以"中职语文教学探索与发展研究"为题，首先，对中职语文教学的理论依据、中职语文教学的使命与类别、中职语文教学价值及其现实思考、中职语文学习与心理发展进行分析，并阐述中职语文教学的内容体系、中职语文教学的创新思维。其次，探讨中职语文教学知识的发展、中职语文教学与智力发展。最后，对中职语文教学中的美育及实践进行阐述，具体涵盖中职语文诗歌教学中的美育探究，中职语文话剧、小说教学中的美育探究，中职语文美育实践的实施策略，中职语文教学中美育的实践运用。

　　全书结构科学、视野开阔、论述清晰，力求达到理论与实践相结合，针对语文教学与课堂实践进行深入分析，以促进中职语文教育工作的创新发展，对广大教育工作者和一线教师的工作具有重要的参考价值，有较强的知识性与可读性。

　　笔者在写作本书的过程中，得到了许多专家学者的帮助和指导，在此表示诚挚的谢意。由于笔者水平有限，加之时间仓促，书中所涉及的内容难免有疏漏之处，希望各位读者多提宝贵意见，以便笔者进一步修改，使之更加完善。

作者

2023 年 6 月

目　录

第一章　中职语文教学与发展审视 ……………………………………………… 1

　　第一节　中职语文教学的理论依据 ………………………………………… 1

　　第二节　中职语文教学的使命与类别 ……………………………………… 3

　　第三节　中职语文教学价值及其现实思考 ……………………………… 12

　　第四节　中职语文学习与心理发展 ……………………………………… 15

第二章　中职语文教学的内容体系 …………………………………………… 17

　　第一节　中职语文阅读教学 ……………………………………………… 17

　　第二节　中职语文写作教学 ……………………………………………… 42

　　第三节　中职语文口语交际教学 ………………………………………… 44

　　第四节　中职语文导学探究教学 ………………………………………… 46

第三章　中职语文教学的创新思维 …………………………………………… 53

　　第一节　中职语文教学思维的方法 ……………………………………… 53

　　第二节　中职语文教学思维的品质 ……………………………………… 55

　　第三节　中职语文课堂教学与创造性思维 ……………………………… 57

　　第四节　中职语文审美教育及其形象思维 ……………………………… 63

第四章　中职语文教学知识的发展 …………………………………………… 81

　　第一节　中职语文教学知识的发展框架 ………………………………… 81

　　第二节　中职语文教学知识的发展模式 ………………………………… 82

　　第三节　中职语文教学知识的发展策略 ………………………………… 84

　　第四节　中职语文教学知识的课堂运用 ………………………………… 86

第五章　中职语文教学与智力发展 ················· 87

第一节　中职语文教学技能与模式分析 ················· 87

第二节　中职语文教学主体的智力发展 ················· 133

第三节　中职语文阅读教学中的智力发展 ··············· 134

第四节　中职语文写作教学中的智力发展 ··············· 137

第六章　中职语文教学中的美育及实践研究 ··········· 141

第一节　中职语文诗歌教学中的美育探究 ··············· 141

第二节　中职语文话剧、小说教学中的美育探究 ········· 145

第三节　中职语文美育实践的实施策略 ················· 147

第四节　中职语文教学中美育的实践运用 ··············· 158

参考文献 ·· 161

第一章　中职语文教学与发展审视

第一节　中职语文教学的理论依据

语文是工作和学习的重要基础工具，"中职语文教学的教学目标要求语文教学要为学生专业发展服务"[①]，因此，中职语文教学在培养、提高学生语言能力的同时，必须提高学生的思维能力、审美能力，提高学生的文化素养。语言能力和思维能力、审美能力及文化素养之间，是相互依存的辩证关系。离开思维能力、审美能力、文化素养的提高，孤立地谈语言能力的提高，是不合乎语言学习的规律，也不合乎辩证法的基本原理，因而不可能收到实效的。中职语文教学的理论依据，下面主要探讨特殊因素理论、维度结构理论、层次结构理论和定量研究成果理论。

一、特殊因素理论

特殊因素论是直接从语文教学的内容、任务析离得出结论的。

第一，单项因素说。认为语文能力就是作文能力（包括写字能力），这主要是语文成为一门独立的学科（清末）以前的观点，这种思想在当代还留有痕迹，例如，部分人认为语文能力中"写"是核心，是最根本的，一个人只要具备了写的能力，听、说、读就不在话下了，除非存在生理缺陷。

第二，双因素说。认为语文能力由阅读和作文两大能力构成。对它们之间的关系，存在以阅读为主、作文为主和两者并重的三种观点，这是我国近代（20世纪20年代至50年代）的主要观点。

第三，四因素说。认为语文能力由听、说、读、写四大能力构成，多种能力之间既相对独立，又相互制约，这是容易被当今语文教师接受的一种能力结构观点。

二、维度结构理论

从不同的角度揭示语文能力结构，但对于采用哪些维度有着不同的认识。

[①] 龚旭.中职语文教学刍议［J］.软件（教育现代化）（电子版），2017（12）：278.

（一）二维结构说

"语言—智力"的二维结构说，典型的是把语文能力划分为听、说、识字、阅读、作文和思维、观察能力。听、说、读写是语文特殊能力，但它们直接受学生思维能力和观察能力的制约。因此，考虑语文能力必须顾及智力因素。

（二）三维结构说

"内容—操作—产品"三维结构说中的"内容"包括语音、词汇、语法、修辞、逻辑、篇章等六个因素，实为语文知识；"操作"包括认知、理解、记忆、发散思维、辐合思维、评价等六个因素；"产品"包括听、说、读、写四个因素。每一维度的任何一项都可与另两个维度的任意一项结合，构成一种新的能力因素，这样就得出独特的语文能力因素。

（三）多维结构说

结合当前中职语文教学实践，从广义的范围提出的语文能力结构。第一，学习兴趣与习惯。热爱祖国语言文学、学好祖国语文的兴趣、良好的阅读习惯、良好的书写习惯、说普通话的习惯。第二，语言运用能力、知识和技能的操作。要求"读"能认读字词句、理解分析内容、鉴别欣赏、有一定的速度；"写"能审题、立意、布局、遣词、使用标点；"听"能辨别语音、理解语义并做必要的品评；"说"能组织语言、表情达意。第三，学习策略、自学能力。会自我检查和评定、调节学习策略、主动适应新的学习情境、获取新知识、提高学习效率。这三大因素中，语言运用能力居于重要地位，起主导作用。

三、层次结构理论

把语文能力分析成多个层次，每个层次分为若干因素。第一个层次是各学科共有的一般能力因素，如理解、分析、记忆等能力；第二层次是语文基本能力因素，即听、说、读、写能力；第三层次是语文单项能力因素，如使用工具书、拼音、识字、书写、用字、造句、说话、朗读、阅读、语法、修辞、作文、文言等。语文单项能力还可再分解，如识字解析为正音、正字、解意；作文解析为审题、立意、选材和谋篇等。

第二节　中职语文教学的使命与类别

"中职语文作为一门基础学科，应突破传统的教学模式，着眼于学生的全面发展，关注学生的综合素质，充分激发学生的主动意识和进取精神，注重发挥学生的主体作用，让课堂真正属于学生，使学生活学乐学，加强学生的语文技能的训练。"① 中职语文教学的使命与类别具体如下：

一、中职语文教学的使命

（一）文化使命

当前，正确认识中华文化的传承与理解问题，不仅关系到当前教育发展的大问题，而且关系到中华民族伟大复兴，屹立于世界民族之林的大问题。增强国家文化软实力，就要从中华传统文化中寻找实现民族凝聚力和创造力的不竭源泉。中职语文教学的重要任务就是引导学生学习中华优秀传统文化，增进对中华优秀传统文化的理解，增强文化自觉，提升文化自信，更好地继承和弘扬中华优秀传统文化。

1. 语文教材是传承文化的良好资源

当前的中职语文教学需要将立德树人、增强文化自信放在第一位，语文课程对继承和弘扬中华优秀传统文化、革命文化，培养文化自信，推动文化的创新发展，具有不可替代的优势，这就充分强调了利用语文学科弘扬中华优秀文化的必要性和可能性。语文教材作为语文课堂教学的载体，其选编的内容都渗透了中华文化传统的因素。

2. 语文课堂是传承文化的主要阵地

中职语文教学应该继承和弘扬中华优秀传统文化、革命文化，理解和借鉴不同民族和地区的文化，开阔文化视野，增强文化自觉，热爱祖国语言文字，热爱中华文化。语文学科教学是传承和理解中华优秀传统文化的重要途径，而语文课堂自然也就成为解决这一问题的关键。学生通过学习祖国语言文字，体会中华文化的博大精深、源远流长，体会中华文化的核心思想理念和人文精神，增强文化自信，理解、认同、热爱中华文化，继承并弘

---

① 杨同菊. 浅谈中职语文教学［J］. 文理导航·教育研究与实践，2014（9）：34.

扬中华优秀传统文化。在这个问题上，语文课堂具有其他学科无可比拟的优势。

工具性与人文性的统一，是语文课程的基本特点。就工具性而言，语言文字教学是语文课堂教学的基础，是准确理解传统文化的前提和基础。中职语文课堂的首要任务是语言的理解和传承。通过语言实践，积累言语经验，把握语言规律，培养语言运用能力，这是语文课堂的核心。在语文课堂上，关注词汇、句子、语法和修辞的教学，在字词句的涵泳辨析中，深刻理解中华文化优秀传统的精要，这是传承文化最直接、最生动的方式。就人文性而言，课堂教学面对的是人，是对人的教育，是人性教育也是人文教育，包括人的尊严、价值、个性、理想、观念、品德、情操等方面，它关注的是学生生命个体的发展。而语文课堂看重的就是语文学科的内在价值，站在文化和哲学的高度，理解传承中华文化的知识汲取、经验积累，进而获得思想涵养、情操陶冶等高层次的人文体验。

3. 语文教学是当代文化生活的连续反映

在文化理解与传承过程中，语文教师还要注重课堂教学中实践与应用手段的灵活性，让传统文化有机地汇入现代生活、融入现代气息，才能使其具有活力，才能真正做到文化的理解与传承。当前的中职学生不喜欢学习传统文化作品，原因就在于课堂教学割裂了传统文化与现代生活的联系。中职学生的心智尚未成熟，对新事物有着较大的好奇，而中职语文教材中的经典篇目大都离学生生活的较远，学生的阅历无法支持他们对传统经典的理解。再加上网络文化等的现实环境对经典文化的影响，都消解了当代学生的审美观和价值观，这就要求教育者在课堂教学中注重实践与应用，结合时代特点，把传统文化的精髓汇入现代生活，用学生乐于接受的方式进行教学，才能使传统文化产生强大的生命力，实现传统文化的理解与传承。

例如，中国古典诗词是中华文化宝库中的瑰宝，具有独特的文化魅力，但因其距离学生生活的距离较远，给人以艰涩难懂的感觉，所以古典诗词的教学一直是中职语文教学的难点。教师在教学过程中就要采用灵活多变的教学手段，让学生走进古典诗词，而不是简单机械的课文讲解。比如，可以将诗词转化成学生的生活体验，古人善于感受天地万物的变化，有很多关于时光季节变化的诗词，这是教师可以很好利用的教学素材。春天来了，可以让学生吟诵"沾衣欲湿杏花雨，吹面不寒杨柳风"（宋·志南《绝句·古木阴中系短篷》），体会春的暖意；夏天将至，可以品味"绿树阴浓夏日长，楼台倒影入池塘"（唐·高骈《山亭夏日》）的浓艳；秋天来临，可以体味"庭前落尽梧桐，水边开彻芙蓉"（元·朱庭玉《天净沙·秋》）的凉意；冬日时分，可以感受"明月照积雪，朔风劲且哀"（南北朝·谢灵运《岁暮》）的清寒。让诗词的华美融汇到学生生活的点点滴滴，在潜移默化中体会诗词的魅力。

总而言之，文化的传承与理解离不开语文课堂，功在当今，利在千秋。理解本民族文化，并自觉传承发扬民族文化，这不仅是中职语文课堂教学的要求，也是培养学生德、智、体、美全面发展的本质要求。中职语文教师应该主动承担起教育学生理解与传承中华文化的责任，采用恰当的教学策略，引领学生感受中华文化的精美与魅力，提高学生对中华传统文化的理解度和认同度，提升他们的文化视野、文化自觉和文化自信，进而树立积极向上的人生理想，增强为民族振兴而努力的历史使命感和社会责任感。

（二）生命教育使命

对于生命教育的认识有一个不断发展变化的过程，教育家们为生命教育提供了丰富的理论成果和思想启迪。

对于生命教育的概念，虽然对于生命教育的观点众说纷纭、各有侧重，但对于生命教育的内在特征的研究是一致的。学者们致力于解决学生在人生发展历程中对于生命价值的探索和理解，帮助他们树立正确的人生观、价值观，在此基础上实现个人的人生价值，促进人与人之间的和谐发展。综上所述，生命教育是一种探索生命价值和意义的教育活动，能够引导学生发现生活中的美好与人性的善良，懂得热爱生命、珍惜生命，从根本上提升学生的人生境界。所以生命教育不仅关注人的身体健康，还关注人的心理健康和人格的健全。生命教育还是一种为了人能更好地适应生存环境，而培养人的生存能力，关注人的美好未来的教育。

1. 中职语文教学中生命教育的意义

中职语文教学中实施生命教育有助于丰富学生的语文素养，有利于丰富学生的情感体验，唤醒学生生命意识，激发学生生命的潜能。

（1）有助于丰富学生的语文素养。语文课程的重要目标之一是使每一个学生都能获得现代公民所必须具备的语文基本素养。语文素养包含了言语能力和审美情趣及文化品位，涵盖了生命教育的丰富内涵。生命教育让学生的人格尊严和主观想法得到尊重，学生可以体悟到不同角度、不同时代对于生命的不同理解，能够重新认识生命的意义，最终形成学生自己的人生观、价值观。所以，在语文教学中进行生命教育，是对学生的一种人文关怀，是学生语文素养的一种丰富。

（2）有利于丰富学生的情感体验。中职语文教育注重情感熏陶感染与学生的独特体验，在语文教学中进行生命教育，让学生与饱含情感的文章做心灵上的对话，可以产生心灵的触动，从而体味到人生的"五味"，体验到生活的丰富多彩，进而能感悟到生命的真谛。因此，生命教育有助于把语文课程中丰富的人文内涵"内化"，能够让学生在纷繁复杂的社会中有良好的适应能力，在生活中能有积极乐观的态度，在人生的道路上有坚韧的生命毅力。

（3）有利于唤醒学生生命意识，激发学生生命的潜能。中职语文教材中的文学作品在精神领域和生命价值教育方面对学生有深远的影响，在中职语文教学中进行生命教育，就是让学生受到人文精神的熏陶感染，让学生认识到人的生命力量是无穷的，生命的过程是美丽的，从而唤醒学生的生命意识。在文化知识的获得中，引发他们对生命的进一步思考，在正确价值观的指导下，激发他们努力去发掘生命的潜能，努力实现自己的人生理想，使生命的意义和价值得到体现。

2. 中职语文教学中生命教育的策略

中职语文课程中包含许多生命教育的内容，语文教师应抓住教学素材和教学活动中产生的教育教学灵感，在语文教学中渗透生命教育，可以通过以下途径来实现：

（1）依托中职语文教材，挖掘生命教育的资源。中职语文教材贯通古今，内容广泛，涉及了地理、历史、政治各方面，涵盖了非常系统全面的人文教育，其中也有关于生命教育的素材。

（2）在阅读教学中，弘扬生命意识。首先，在朗读品味中欣赏生命的灿烂，感悟生命的辉煌；其次，在阅读教学中咀嚼生命的价值，关注对生命质量的提升。成功的文学作品，大多是尊重生命，反思生命的典范。带着生命的视角审视这些作品，有利于达到生命教育的目的——唤醒生命意识，提升人的生命价值。

（3）引入课外活动，感悟生命的真谛。开展与生命教育有关的实践活动，能够让学生更直观地了解到生命的价值。语文教师可结合时代和社会发展的要求，适时引入鲜活的课外活动、注入新的内容，使教学内容不断丰富和发展。

（4）改变评价学生的方式，让学生得到整体的和谐发展。以往的评价机制是仅仅凭借学生学习成绩来定义学生的好坏，这不利于学生的生命成长。教育的目的是要培养有知识、有文化、有情怀、有温度的优秀人才。一个优秀的学生，除了学习成绩优异，还应热爱自然、热爱生命，对集体友爱，对他人温暖善意，对生命充满敬畏。所以应改变评价学生的方式，语文教学中应该融入更加多样化的评价内容，如综合素质、个人能力等，激励学生更加全面地发展。

二、中职语文教学的类别

（一）中职语文教学的个性化类别

课程改革的基本价值取向是为了每一个学生的发展。人的发展本质是人的个性发展，为了每个学生的发展，其实就是让每一个学生的个性充分发展，培养出丰富多彩的"人格"。因此，在实施新课标的实践中，倡导语文个性化教学具有重要意义。

语文个性化教学是以课程内容为中介的，是师生双方具有个性化特征的教和学的共同活动。具体而言，就是以全面提高学生的语文素养为目标，以课程内容为中介，以往注重学生自主学习、因材施教为基本教学策略，以学生个性化的学和教师个性化的教相统一为主要教学过程的活动。

1. 学生个性化

（1）个性化语文学习的核心是强调学生自主学习，也就是强调学生是语文学习的主人，语文学习是学生自己的事，任何人不能包办代替。"以学生为主体"已成为教育界的共识。个性化的语文学习要求充分发挥学生的自主性，发挥学生的主体作用，让学生真正成为语文学习的主人。

第一，使"主体"真正成为主体。要有使学生成为主体的机会——充足必要的时间、空间。学生既是语文教育对象，又是语文学习主体。中职语文教学要落实主体意识，就必须确立"走向学生"的理念和方法论意识，坚决反对那种企图把语文讲清、讲透的外科手术式的做法。

第二，要有使学生成为主体的自身条件——兴趣、习惯、知识、方法。学生学习的积极性、自觉性、主动性主要源于兴趣和目的。换言之，兴趣和目的是学习的动机。中职语文教学落实主体意识，就要想方设法引发学生强烈的好奇心，使之产生深厚的探究兴趣。而有了兴趣才有可能长久地坚持下去并形成习惯，再加上必要的知识与方法，学生就能积极、主动地去学习了。

（2）就学习内容而言，个性化的语文学习主要指个性化阅读与个性化表达（口头与书面），这是因为，语文教学的理论，无论说得如何高深莫测，归根到底无非是帮助学生学会读书、学会作文、学会听话和说话，从而获得一种可以终身受益的能力。中职语文个性化教学主张从发展学生个性化阅读能力和个性化表达能力入手，在阅读实践中提高语文素养，发展个性。

（3）个性化的语文学习对学生有三个方面的要求：一是要求独立阅读，让学生在走进文本、走进作者的过程中获得个性化的独特感受和体验；二是加大阅读量，鼓励并要求学生广泛阅读以丰富语文积累，培养语感；三是主张有创意的阅读，激励学生独立思考并能发表独到见解。

（4）个性化表达是学生个性心理的独特反映，它包括书面表达（作文）和口头表达两个方面，须具备以下特征：

第一，真实。个性化的表达应该是真实的。例如，学生作文要感情真挚，力求表达自己对自然、社会、人生的独特感受和真切体验。

第二，求新。除了求真，个性化表达的另一个特征是求新。所谓求新，就是力求新颖、别致，这就要求学生观察事物要有独特的视角，思考问题要有独特的方式，表情达意要有独特的手法。

第三，深刻。深刻是一种品质。具备深刻思维品质的人，其思想比别人更深邃、见解比别人更独到。

2. 教师个性化

个性化的教有两层意思：一是教师要根据学生个性化学习的需要来调整教学内容、设计教学方案和考虑教学策略，并采用多种教学方法，其核心是做到因材施教；二是教师在教学中要力求体现个性化的教学风格。一般而言，做到因材施教要注意以下四方面：

（1）转换角色。在语文个性化教学中，教师已不仅仅是"传道、授业、解惑"者，还应该是学生语文个性化学习的组织者与引导者，教师个性化的教要为学生个性化的学服务。教师要尊重学生人格，并处理好顺应与引导的关系。转换角色主要体现在四个方面：营造对话氛围——使对话在民主、宽松、愉快的氛围中进行；组织对话过程——使对话在有序的状态下进行；调控对话方向——使对话始终围绕当前的话题进行；保证对话的省时和有效——使对话过程成为高效率的师生互动过程，形成"以学生为主体，教师为主导"的教学模式。

（2）了解学生。因材施教是建立在对学生的充分了解之上的。学生与生俱来就各不相同，他们没有完全相同的心理倾向，没有完全相同的智力。但都有自己的智力强项，有自己的学习风格。如果考虑这些差异，如果考虑学生的个人强项而不是否定或忽视这些强项，如果教育以最大限度的个别化方式来进行，那么教育就会产生最大的功效。因此，教师要通过多种渠道了解学生的个性，了解学生的特长，了解每个学生的与众不同之处，包括学生的兴趣、爱好、习惯及家庭生活背景，特别要了解学生在语文学习方面的差异性。

（3）提供条件。教师要为学生的个性发展提供必要的条件。教师要以平等的心态和姿态与学生相处，以创造适宜学生个性发展的宽松自由的学习环境。教师要正视学生的个性差异，让学生快者快学，慢者慢学；要解决班级授课与个别化教学的矛盾；还要为学生的语文个性化学习提供时间和空间的保证。

（4）展示特长。在中职语文个性化教学中，教师应创设有意义的情境，为学生提供各种展示个人潜能的机会，教师要乐于并善于为学生展示个性化特长搭建舞台，让学生在展示的过程中不断得到成功的心理体验。

（二）中职语文教学的散文化类别

散文的特点是"形散而神不散"，语文教学的就是学生的语文素质，"神"就是语文教学观念，是语文教学的价值取向。语文素质应有三个层次的内容：一是语文知识，即汉语知识、逻辑知识、文学知识、语法知识、修辞知识等；二是语文技能，它不仅包括听、说、读、写能力，还包括汲取知识及运用知识的能力；三是综合品质，即在丰厚坚实的知识、技能基础上，熏陶渐染，逐步历练形成的兴趣爱好、思想情感、审美鉴赏、气质修养等品质结构。教学有法，教无定法，成功的语文教学就应该是一篇散文，旁征博引、兼收并蓄。

因此，教师们必须转变观念，着眼育人，因为学生品质的优秀、人格的健全比成绩的突出更为重要。要突出"神"就必须有为之服务的"形"，一切科学、灵活、准确、有效的方法、方式、材料、途径都是"形"。

1. 成为语文学习合作者

在传统的师生关系中，学生是以教师心中的"标准"为答案、为目标的，学生自己的思维、个性在这种被动式的学习中被弱化以至磨灭。实际上，教师要以平等的态度对待学生，教学中要发扬民主，努力创造良好氛围。在教学过程中，要让学生充分发表自己的见解，特别是允许和鼓励学生表达自己的不同意见，要求学生发现问题并主动探求答案。在语文教学过程中，要确立师生交往的平等、合作关系，形成生活交流、情感交流、生命交流，注重语言感受、语言审美等，重视学生的体验和自觉的感悟、发现。传统的教育中，教师专职于教"书"，更多的是向学生灌输用来考试、提高分数的知识，而很少有与学生进行情感交流的机会，致使师生间情感隔膜越来越厚，彼此信任度降低，严重影响教育效果的提高。

师生双方都应该时刻保持着批判性的敏感和探讨的态度对待对方所说的话，这样的交流过程，不仅是为了证明其中某一方或某种观点的正确性，更重要的是把不同观点、看法联系起来，并通过积极的、朴素的探讨而不断修正；或是有了新的发现，进而形成正确的认识；或者实现知识的拓展和延伸，同时培养学生的创新精神和创新能力，促成其个性和特长的发展。教师是学生学习过程的设计者、引导者、合作者，是学生的朋友。

中职语文课堂上，教师应是导游或节目主持人，如果教师能像导游那样用精彩生动的内容、声情并茂的语言，激发学生的"游兴"，引导学生进入作品优美的艺术境界，徜徉其中，流连忘返，那么，学生面对的不再是一壁冰冷的黑板、一本静默的教材，周边也不再是一堵厚厚的墙壁，学生随着"导游"去领略、去欣赏、去感悟，所获得的知识学养、审美愉悦、性灵陶冶，岂不比空泛的讲析要轻松愉快和丰富得多。

2. 加大课堂教学密度

语文学习不仅在课堂上，更在课外，在整个社会生活中。体育、娱乐、交往、劳作等，无一处不蛰伏着语文，生活处处皆语文，语文无处不生活。置身于课堂，蜷缩于教材，语文教学必须用发散的眼光向外拓展。课堂阅读教学是语文教学的主体，必须加大课堂教学的信息密度，不能孤立地谈论教材、分析教材，要"知出知入"。要引进生活这一源头活水，千方百计地把课文放在知识网络中去教学，结合科学的、审美的、历史的、现实的知识去分析，使课文显得越发丰润和充实。

中职语文教师要创造语文教学与社会生活的最佳契合点，引导学生走入语文世界，培养学生语文学习的兴趣和责任感，把语文学习变成学生的成长需求，培养学生独立学习语文的能力。要"授人以渔"，变有限的课堂学习为无限的课外学习，真正实现"语文的外延等于生活"的构想。要把课文当作人生，把文本当作社会来解读。语文就是文化的厚重沉淀，是生活的美丽呈现，是人生的智慧结晶，是何其博大、自然与精深。要在深入了解学生之后，尽可能拉近学生和自己的距离，使之感到亲切；拉近和教材的距离，使之感到亲和；拉近与教材所表达的思想感情的距离，使之共振共鸣，这样的语文课堂教学才会活力四射。

3. 重视课外语文活动

教育的目的在于全面发展学生的个性品质。健全的个性品质包括负责、自律、尊重、坚强、群体情感、社会兴趣、关心他人等，教材很难囊括这些内容。从这个意义上而言，语文教学不能局限于课堂，更何况语言的社会性早已决定了语文课外学习的重要性。突破"唯教材主义"，重视课外语文活动，是提高语文教学质量的重要一环。"课内外结合"是语文教学一个老生常谈而又长期未能得到很好解决的问题。课堂教学是学校教育教学活动的主要形式，是提高教学质量的最重要环节。但是，单靠课堂教学难以完成教育、培养和发展的任务，尤其在现代社会日益信息化的条件下，课外教育对促进学生全面发展的重要作用越来越明显。课外教育形式和内容丰富多彩、自由活泼，它对培养学生兴趣，开阔学生视野，发展学生个性特长起着潜移默化的作用，成为对学生进行全面素质教育的一个有机组成部分。

在语文课外教育的诸多形式中，影视艺术以其直观性和对生活的真实反映吸引着青少年，观看影视作品已成为当代青少年的重要业余需求。影视作品不仅有利于学生学习普通话，学习语言表达、训练听力，而且作为一种具有强烈思想震撼力的艺术，它能够产生净化人的心灵、塑造人精神的效应。一个完美的屏幕形象能给学生一生留下美好的回忆，甚至影响他们一生的追求和目标。但由于广大中职学生思想文化水平有限，社会阅历不够丰富，知识面狭窄，理解、分析问题的能力不强，他们的主观理解能力往往囿于有限的感性知识。因此，他们在欣赏、评论影视片时，往往容易陷于良莠不分、浮光掠影、盲目学样的误区。面对这样的现状，教师不能喋喋不休地抱怨，或心急如焚地呼救，或措辞强烈地禁止，这种被动的消极防御效果并不理想。

语文教育应积极主动地介入学生的影视观赏活动：不仅引导学生学习语言、理解内容，而且应坚持正面引导，把学生的思维导向积极探索影片的思想内涵和美学价值的"意蕴层"，使学生在获得高层次审美感受的同时，实现思想上的升华。在观赏影视作品时，教师不仅应指导学生学习判断和选择，接受影片的健康影响，自觉抵制消极思想的侵蚀，从而达到塑造中职学生美好心灵，培养学生健全人格的目的、而且应针对学生的实际进行纠偏，组织学生就课外阅读和影视观赏进行讨论或辩论，在各种观点和看法的激烈交锋中，培养学生的识别能力，提高学生免疫力。

教师介入学生影视观赏时，应努力突破"看影视—写影评"的单一模式，利用写评论、随笔、主题演讲、辩论会等多种形式提高学生的鉴别能力、欣赏水平及美学素养。更重要的是，课外语文活动应与课内语文教学目标联系起来，提高课外语文活动的效用。例如，结合课内文体教学，对相关的某一部影视作品组织学生讨论其语言运用，也可要求学生写议论文（影评）或说明文（介绍作品内容）。在写影评时，应允许学生自由选择角度，或评价内容，或评价表演和对白，或评价外景……这样，既使学生学会运用课内学到的知识，又能使学生学会多角度看待问题，使学生的思维品质得到提高。只有如此，课外语文活动才能真正深化课内教学，培养学生健全的人格。

另外，作为中职语文教师，必须努力使自己的教学有个性。教学艺术和教学风格是体现教师个性的重要方面，程式化教学使相当一部分教师丧失了教学个性。有的教师不是从根本上提高自己的教育理论修养，而是机械地搬用别人的"优秀教案"。结果，自己的教学个性迷失在别人的教案中，别人的个性与风格也在自己模仿的过程中被扭曲了、丧失了。语文教师要突破固有的程式，形成自己的教学个性。突出自己的教学风格，重要的是不浮光掠影地学习别人的模式、套用别人的教学设计，是且要脚踏实地地学习教育教学理论，不断提高自己的学科素养，深入思考语文教改面临的课题，做一名研究型教师。只有这样，才能使自己的教学艺术不断提高，进而形成自己独特的教学风格，真正成为一名个性品质优秀的教师，在个人素质方面成为学生的榜样。

精彩的散文要有突出的"神"、洒脱的"形"，师生共同努力方能写好语文教学这篇"散文"。

第三节 中职语文教学价值及其现实思考

中职院校长期以来一直以社会需要为基础，培养出来的学生大多以就业为目的，教学的内容大多也是以此为基准，这就导致很多基础课失去了应有的价值。对其他课而言，语文是必修课，语文教学志在提升学生的文化修养，随着课程设置的转变，发挥中职语文在教学中的价值就变得很重要，现在中职院校要做的是促进学生不断地学习语文知识，巩固知识成果，促进学生多方面发展，所以中职院校以及语文老师都要转变现有教学模式，在语文价值定位及实现方面做相应的思考，结合语文实践活动使中职语文教学的价值有所实现。

一、中职语文教学价值的分析

（一）人文方面的价值

人文教育的核心是促进社会成员形成先进的价值观，传承传统文化，对于学生而言也是养成良好习惯的规范。"中职语文与语文课程有相同的任务，都是为了促进学生学习的动力，使学生提升能力，塑造文化人格。"[1] 中职语文教育在促进学生发展的同时，在人文方面也发挥重要作用，语文课可以提升学生的人文素质，也是促进学生的能力的关键，

---

[1]魏光宇．关于中职语文教学价值定位及其实现的思考［J］．传播力研究，2020，4（17）：181.

更是能为社会提供需要的人才。中职语文教材内容是经过专业的编辑精挑细选确定的，每篇文章都在文字中蕴藏着丰富的情感和精神思想，有助于学生正确价值观念的树立以及良好道德品质的形成，使得学生在语文学习过程中不仅能获得人文主义精神和集体观念的培养，还能促进学生在各方面均衡发展，使学生在进入社会时，能更快地适应社会。中职语文教学不仅具有很高的人文价值，在学生职业素养和岗位责任意识培养等方面也发挥着重要作用。

（二）素质方面的价值

中职语文教学不仅是为了促进学生就业，还应是提升学生素质的关键。在中职院校教学背景下，应制订相应的教学方案来指导教育工作，中职语文教学的价值体现在培养的学生要符合现代化要求，提升学生的基础能力，使学生有良好的素质、创新精神、文化素养等，最重要的是在促进学生提升基础素质的同时创造社会价值。此外，中职语文在学生人格上的培养有积极作用。中职语文不仅是基础科目，更是一种语言的传递，中职语文教材中包含着大量的文化知识以及思想内涵，中职院校重视并加强语文教学课程的开展，除了能提升学生的文学素养以及思想品德以外，还可以让学生们了解并掌握书写技巧以及标点符号使用技巧等知识，有助于学生理解能力、组织能力的培养和提升，对于学生综合能力的提高，缓解就业压力都有着重要意义。

二 、中职语文教学价值的现实思考

（一）加强校园文化环境的创建

中职校园作为学生日常学习的主要场所，其环境与氛围对学生学习意识以及文化底蕴的培养有着重要影响，这就需要中职院校加强良好校园文化的营建。首先，中职院校可以根据专业实际情况组织一些文化节或趣味竞赛等活动，并鼓励学生踊跃参与到校园文化活动当中，不仅有助于改善学生的学习心态，还可以让学生在轻松、愉悦的氛围中获得知识与能力的培养；其次，教师在中职语文教学中也应改变传统的机械、枯燥的教学方法，以更加贴近学生专业的教学方法以及风趣、轻松的教学方式开展语文教学，例如教师结合学生的兴趣爱好以及中职语文教学知识，创设有趣的教学情境，并且通过对校园文化资源的合理利用，让学生了解更多的知识文化，营造独特的课堂文化环境。这样不仅有助于提升学生的语文学习兴趣并提升学生的素质培养效果，还可以帮助教师积累更多的教学素材和实践教学活动经验，从而促进中职语文教学在校园环境中的创建。

（二）围绕专业需求开展语文教学

中职教育是为了培养社会需要的专业人才，而中职语文教学的目标除了要培养学生良好品格以及正确价值观念以外，还需要促进学生专业能力的提升和发展。这就需要中职语文教学应服务于专业的实际需求，使老师开展语文教学时围绕这个专业的特点，合理调整语文教学的侧重点，要尽量用学生容易理解的语言，也容易懂的教学方式讲解，提升老师的专业能力以及专业思想，应用到教学中，促进学生能力的发展。制订语文实践方案时尽量设计与专业相贴近且富有专业特色的教学活动，在今后的工作中，学生的书写、表达等技能，对学生从事相关工作具有重要帮助，对此中职语文教学必须结合学生以后的需求，提高中职语文教学与专业教学课程的相适性，这样不仅有助于提高学生对中职语文学科的重视程度和学习兴趣，还可以促进学生综合素养与能力的培养。

（三）合理创设符合专业的教学情境

在中职语文教学过程中，教师根据专业特点设计相应的教学情境，不仅有助于提升学生的中职语文学习兴趣，还可以使学生对教学的相关内容有深刻的理解。例如，教师可以对现有教学资源进行合理整合，收集一些与学生专业有关的企业文化资料以及专业文化资料等内容，并利用多媒体教学辅助设备将这些资料呈现给学生们，使学生能积极主动学习，了解到更多的专业知识，使学生的学业有所提升。除此之外，教师还可以利用这些资料布置一些与专业相贴近的学习任务，创设与专业相关的教学情境，给予学生更多的自主权，让学生在学习任务中充分发挥自身的个性以及潜力，不仅有助于激发学生的学习积极性和主动性，还可以促进学生自主学习能力等方面的培养，对于中职语文教学价值的发挥有着重要意义。

（四）加强教学评价科学性与综合性

加强中职语文教学评价的科学性及综合性，有助于调动学生的语文学习兴趣以及实践教学活动参与积极性，对中职语文教学质量的提升以及教学价值的实现有着重要意义。这需要教师改变传统的以考试成绩为主的评价模式，并建立多元化的评价体系。例如，加强对学生日常学习态度以及学习效率等情况的收集，并对学生的语文思维以及文学素养进行全面查验和掌握，这种语文评价模式是一种动态的评价方法，不仅仅是对学生学习的完成度进行全面了解，还需要对学生的学习的具体情况给予更多的关注，能够针对不同的学生，做出更加科学、合理、全面的评价，所以这种评价体系不仅可以更加具体、细致地了解学生的学习状况，还有助于调整学生的学习心态并激发学生的自主学习意识，对于学生日后就业以及发展有着巨大的帮助作用。

总而言之，中职语文教学不仅是考验着学校，也在考验着老师教学方式的转变，但都是为了更好地服务社会，培养专业技术人才。当前，中职教育使语文学科的地位和作用被极大削弱，需要中职院校领导和教师真正认识到语文教学的重要性及其价值定位，并通过对语文学科教学内容以及教学模式的调整和创新，提高学生的语文学习兴趣，促进学生综合素养以及专业能力的培养和全面发展，推动中职语文教学的改革与创新，并真正发挥中职语文教学对技能型专业人才培养的促进作用，为中职学生以后的全面发展奠定良好坚实的基础。

第四节　中职语文学习与心理发展

中职语文学习与个体心理发展是辩证统一的关系。一方面，语文学习对学生的心理发展有巨大的促进作用；另一方面，学习本身又必须受心理发展的"准备状态"的制约。

语文学科的特殊性质决定了语文学科的学习必然会对其他学科知识的学习与思维品质、思维能力的发展及文化道德素质的形成产生重要的影响。语言是最重要的交流思想的工具和最重要的文化载体。而语言这个工具不能脱离思想，它与思维的关系又至为密切。因此，中职语文学习不仅能够促进学生语言的发展，而且有助于其他学科知识的学习，能够起到开阔学生的知识视野、促进文化素质及道德品质发展的作用，尤其是能够对学生心理的发展起到其他学科知识的学习不可替代的作用。语言是思维的工具，思维要借助语言进行，个体的思维结果也要借助语言才能外化。因而对个体而言，语言的发展能够提高思维的水平。而语言的学习本身就是复杂的心智活动，它不能脱离思维而孤立地进行，语言的理解、语言的表达都需要调动知识积累，要有联想、想象、判断、推理以及情感等因素的参与，也正是在这个过程中，学生的心理机能能够得到锻炼与发展。

另外，中职语文学习又受心理发展的制约，主要有以下两方面：

第一，受智力因素制约。学生的语文学习，是学生在教育情境中，学习语言知识和发展语文技能的过程，在这个过程中，学生的智力因素起着加深认识的作用。因此，它与学习的质量有很大的关系。在学生学习进程中，语言能力的形成与智力发展有着密切关系。

语言学习的过程是复杂的心智活动过程。在这个过程中，学生的智力因素起着重要的作用。通过听、说、读、写，学生的知识从无到有、由少而多、由浅及深，逐步认识了客观世界的主要现象及规律，驾驭语言的能力得到了提高。也正是在这个过程中，学生的大脑机能得到了有效的锻炼。另外，组织良好的学习过程，既是有效地发展语文能力的过程，也是有效地开发智力的过程。学生在能力方面每前进一步，智力也就能得到进一步提高。

第二，受非智力因素制约。学生在学习中要获得成效，需要全部心理活动的积极参与。一个人即使具有较高的智力水平，但如果智力因素不同非智力因素结合，也不可能获得学习的高效率。

广义的非智力因素是指智力因素以外的一切心理因素；狭义的非智力因素是指动机、兴趣、情感、意志和性格等。非智力因素对中职学生的学习影响巨大。非智力因素优秀者多于非智力因素不良者，可见非智力因素是影响学生学业成就的一个重要因素。

第二章　中职语文教学的内容体系

第一节　中职语文阅读教学

阅读是学习所有学科的必备基础能力，语文学科蕴含着丰富的文化底蕴，可以培养学生的人文精神，提高审美能力，提升道德修养。素质教育时代，中职学校为社会源源不断地输送技术技能型人才。因此中职学校应与时俱进，既要注重培养学生的专业能力和服务意识，又要重视学生终身学习能力的养成教育，以适应社会对高素质技能人才的需要。

一、中职语文阅读教学的生活化分析

阅读是生活的一部分，是人的一种生活方式，阅读与生活息息相关。阅读教学是在教师指导下，学生自主阅读的实践过程。阅读能力是学生学习语文的基础，通过阅读能够开阔视野，陶冶情操，提升文化素养。在遵循生活化内涵及其特征的基础上，剖析中职学生的心理特点，将生活元素渗透到阅读教学中，用生活经验指导阅读实践，激发学生的阅读兴趣，培养学生的阅读实践能力。

"生活化的阅读教学就是把知识等新鲜事物，凭借已有的生活经验将其转化为内在需要的过程。"① 围绕教学内容，从学生的实际情况出发，将教学活动引入到预先设计好的生活情境中，利用学生的生活经验把教学目标转化为学生的内在需要。

中职语文阅读教学生活化是形成以学生为主体、教师为主导、师生互动的教学方式，构建以生活资源为载体、生活情境为策略、生动开放的语文课堂。针对中职学生的特点，教学时不但要联系学生现在的日常生活，还要关注学生未来的职业生活。寻找语文阅读教学与职业教育发展的结合点，转变思想、积极创新、提高能力、磨砺人生，为学生将来的职业生涯打下坚实的基础，实现以就业为导向的职业教育办学理念。

（一）中职语文阅读教学生活化的基本特征

中职语文阅读教学生活化在传统阅读教学的基础上进行了改革和创新，是一种新型的

---

① 田甜. 中职语文阅读教学生活化实践探索［D］. 大连：辽宁师范大学，2014：5.

阅读教学模式。在教学理念和教学策略方面提出了全新的看法和主张，充分体现了中职语文阅读教学应具有的开放性、情境性、实践性、综合性的特点。

1. 开放性特征

开放的阅读教学，要求教师在课堂上必须以开放的心态进行阅读教学，引导学生以开放的视野和思维对待周围的事物，不拘泥于文本、教材，不局限于课堂、学校；要求教师在教学时要营造开放平等的教学环境，设计开放互动的教学方法，挖掘开放多样的教学内容，建立开放有效的教学评价。开放性的阅读教学，要求学生的阅读需求是多种多样的，阅读态度是积极主动的，阅读心理是独特创新的，阅读方式是自主探究的。

为学生创设开放的教学环境，提供轻松自主的学习氛围，激发学生的学习兴趣。中职学生来自不同的生活环境，具有不同的个性，在阅读中彰显学生的个性，因材施教显得尤为重要。虽然他们的语文基础知识比较薄弱，但是他们的思维敏捷，有较强的好奇心，适应能力强。创建和谐平等的师生关系，是创建开放性阅读教学的重要手段。传统的语文阅读教学中，教师的教学评价重视甄别与选拔，评价语言平淡无味，不能给学生以积极的鼓励，束缚了学生创新的欲望，限制了学生的自主性。因此教师在阅读教学中采取开放有效的评价方法，更好地激发学生学习的积极性和主动性，让他们体会阅读的价值，享受阅读的魅力。

2. 情境性特征

在生活化的语文阅读教学中，创设良好的教学情境，启发学生通过体验生活情境来理解课文内容，调动学生学习的积极性，激活学生的创新思维。创设情境必然离不开生活，教师要善于把教学内容转变成生活情境，营造一种生活气息浓郁的语文课堂，引导学生进入到熟悉的生活场景中。

在阅读教学中，通过借助美术、音乐和舞蹈等素材，创造贴近学生生活实际的情境和氛围，让学生轻松愉快地学习语文阅读知识。教师可以从教学需要出发，把语文课堂转化为参观、访问、观察等形式的课外活动。针对专业特点，带领学生去工厂、进车间，让学生主动发现问题并解决问题。当然，创设情境不仅是单纯地把一些生活性的元素组合在一起，还要丰富内涵、融入情感，中职没有应试的压力，可以尽情享受情境教学带来的优越感，极大程度地提升教学效果。

3. 实践性特征

在生活化的语文阅读教学中，通过学习实践来检验学生主体性的形成，要着重培养学生自主学习、合作探究的能力。中职学校的学生，他们多数已经对学习失去了信心，产生了厌恶和抵触的心理。如果语文课堂还是教师一个人的"独角戏"，那就无法激发学生的学习兴趣，语文学习便成了"最熟悉的陌生人"。中职语文阅读教学的生活化强调学生的参与性、实践性，让学生获得一种全新的学习体验。

通过创设生活化的教学情境，让语文阅读教学与学生生活实际紧密联系起来，使学生在活动实践中灵活运用相关的语文知识和技能，培养学生凭借已有知识和生活经验解决实际问题的能力。只有这样，学生才能积极主动地参与社会生活，实现自己的职业目标。

4. 综合性特征

中职语文阅读教学应注重培养学生感受、理解、欣赏文学作品的综合能力，形成这一能力需要感性与理性的有效统一。传统的语文阅读教学，往往忽视感性的层面，忽略了文学作品给我们带来的多样性。生活化的阅读教学，教师要引导学生在理性分析、理解文学作品的同时，还要凭借已有的生活经验去感性地接受文本，体验情感，感受人物形象，品味语言文字。

阅读与写作之间有着密不可分的关系，阅读时可以搜集材料，为写作积累素材。学生在阅读中搜集、整理信息能力、综合概括能力、阅读材料的整合能力都能体现在写作中。所以，生活化的阅读教学有利于中职学生读写能力的协调发展。

（二）中职语文阅读教学生活化的实际功用

随着社会的发展和进步，语文的内涵和外延也在不断地发展和变化着。生活化拓宽了语文阅读教学的空间和环境，让语文课堂变得开放自由、丰富精彩。

1. 激发兴趣，养成良好阅读习惯

中职语文阅读教学生活化可以激发学生的阅读兴趣，养成良好的阅读习惯。兴趣可以激发出一个人的潜能，如何使其充分发挥，需要语文教师根据教学内容以及中职学生的心理特点巧使善用。学生积极主动地参与阅读过程，提出问题、筛选信息、分析讨论、合作探究，这样的过程有利于学生形成良好的思维能力和阅读习惯。阅读教学回归生活，让阅读成为生活的需要，让生活为阅读服务，帮助学生形成勤读、乐读的良好习惯，从而提高学生的阅读能力。

2. 陶冶情操，培养学生健康人格

中职语文阅读教学生活化可以丰富学生的学习生活，形成积极乐观的人格。语文阅读教学不仅关注学生理解能力的提高，对于学生思想的教育、情操的陶冶、精神世界的发展更是责无旁贷。让学生在阅读中体会生活、获得新知，在生活中，感受阅读的熏陶和语言文字的魅力。生活化的阅读教学，开阔学生视野，丰富学习生活，获得生活启迪，形成健康人格。

3. 提高能力，服务学生未来就业

中职语文阅读教学生活化不仅能提高学生的文化素养，还有利于学生掌握专业知识和技能。中职学生的文化基础大多不够坚实，对语言文字的应用也不容乐观，生活化的阅读教学不仅可以增强学生的文化底蕴，拓宽学生的知识面，还有益于对语言文字的积累，促进学生综合能力的提升，为专业课的学习和技能的掌握打下坚实的基础，为未来的就业做好准备。

（三）中职语文阅读教学生活化的主要策略

实施中职语文阅读教学生活化，关键在于寻找教学内容与学生生活的契合点，让语文课堂向社会生活延伸，让阅读走进学生的生活世界。在教学过程中，教师要善于挖掘教材，将生活元素自然地融入文本中，把阅读教学和社会生活紧密地联系起来，让学生在读懂文本的同时，也读懂了人生、读懂了生活。实施阅读教学生活化也给中职语文教师提出了新的高要求：不断地更新教学理念，提高自身素质和业务能力水平，学无止境、与时俱进，关注社会、关注生活。

1. 转变语文教学理念

（1）转变态度，更新教学理念。

第一，扭转乾坤，正视自己。中职阶段是中职学生从学校走向社会的过渡阶段，是他们为今后的继续学习和职业生涯奠定基础的重要阶段。运用科学有效的教学理念培养出高素质的技能型人才，关键在于教师提高自身的综合素质，解放思想、更新理念。

教师是课堂教学的主导者、组织者，要让课堂充满生机，让学生产生兴趣，树立生活化的阅读教学，充分利用课内、课外的有效资源，拓展学生的学习空间，让学生在生活中学习语文，在语文中感悟生活。在语文阅读教学过程中，教师要有意识地把教学内容同生活实际联系起来，变封闭为开放式的教学方式，用生活化的阅读态度完善阅读教学过程，向课堂注入生活之活水，使其焕发出无限的生机和活力。同时，教师要尊重学生的阅读心理和情感体验，教给学生阅读的方法，使学生养成良好的课外阅读的习惯，从根本上培养学生独立阅读、独立思考的能力。

第二，更新教学理念，激活学生心灵。中职语文教师在阅读教学时要始终坚持"语文教学生活化，学生生活语文化"的教学理念，遵循职业教育的特点，掌握学生的学习需求，给予学生更多的关爱，不仅教会学生书本的相关知识，还要让教学拓展到生活中去，引导学生学会读书，培养自主读书的能力，让学生运用语文改变自己、改变生活。

（2）以人为本，阅读回归生活。教育是促进人发展的重要因素，教育以培养人为目

的，以育人为本。"以人为本"是人本主义教育思想的核心，它强调学生的主体作用，把学生作为教学的出发点，主张学生自发的经验学习。重视对学生的尊重和爱护，充分发挥学生的主动性和创造力，主张教学工作要注意创设良好的人际关系和课堂气氛，使学生身心健康地成长以适应时代的变化和社会的要求。

第一，以人为本。首先，要求教师培养学生的主体意识，由被动地接受灌输变成主动的思考探究，学生不再是课堂上的"旁听者"，而是课堂的主人，对教师的讲授不再毫无批判地全篇接受，而是要充分发挥主观能动性。其次，教师要尊重学生的个性发展，运用恰当的教育方法帮助他们树立自信心，因材施教、挖掘潜能，引导学生充分认识自我，实现自己的人生价值。最后，教师要引发学习兴趣，激活学习动机，调动学习热情，保护求知欲，呵护好奇心，因势利导，顺势强化。

第二，回归生活。首先，要求教师引导学生积极地观察和体验生活中的点点滴滴，教师要教给学生采用不同角度、不同侧面的观察方法，关注社会热点话题，积累民间传说故事，用观察带动思考，将生活中积累的素材运用到对文学作品的解析中，把阅读时积累的语言文字应用到社会生活和人际交往中。其次，在遵循教学目标的前提下，把文本还原成学生们熟悉的真实的生活情境，引导学生置身其中，形成体验，有所发现。最后，学生在阅读文本时，自然地联想到与自己相似的情感或是熟悉的生活以及所处的社会，进而与作者产生心灵的共鸣，获得对生活的理解和感受，回归生活的阅读教学，可以提高学生认识生活、感悟生活的能力。

语文教学源于生活，它来自生命的自觉。生活化的阅读教学要让学生了解阅读是人生命存在的一种状态，懂得语文学习的价值和意义。让阅读注入学生的日常学习和生活中，成为生活的必需品。学生从阅读中寻找生命存在的意义，使学生在体验中提升生活品质。

2. 突出职业教学特色

（1）突出阅读教学的实用性与技能性。中职语文教学是为中职学生的专业学习服务的，阅读教学要与专业相结合，突出职业教育的特色。教学重点应体现职业特点，突出实用性，有效的语文教学是让学生不仅学会知识，还能将其应用到现实生活和将来的职业生涯中。教师在设计教学内容、确立教学目标时，要结合学生的原有知识基础、现有学习困难以及学习心理特征，适当降低难度和要求，紧密结合学生的专业特点和未来的职业需求，让学生意识到学会知识是为了培养自己的能力。

中职学生的学习任务不重，这为他们提供了广阔的阅读空间。从教学课时里抽出几节课来作为课外阅读课，阅读的文章可以是教师精选或是学生推荐，如从《读者》《意林》等优秀刊物中甄选出具有时代气息、现实意义和正能量的作品在课上诵读，师生共同讨论，交流感受。还可以从教材文本拓展到佳作名篇，欣赏了朱自清的《荷塘月色》，再去读读他的《绿》；读过了舒婷的《致橡树》，再去听听北岛的《回答》；感受了老舍的《我的母亲》之后，再去看看他的话剧《茶馆》……在拓展学生阅读面与阅读量的同时，还要培养学生良好的阅读习惯，用圈点勾画的方式记录摘抄自认为优美的语句或段落，写下感受，积累素材。在阅读结束后教师组织学生开展小组活动，布置问题，讨论交流；或是组织语文实践活动，举行诗歌朗诵、课本剧表演、讲故事、演讲等活动，实施鼓励、奖励机制，激发学生的积极性和参与性，挖掘学生的智慧和能力。

（2）关注阅读教学与专业的结合。学生要阅读与专业相关的各类文章，读懂主要内容。能对文章中的重要信息进行筛选、整理，获得所需要的资料。能根据专业学习的需要选择读物。阅读有关职业理想、行业发展、企业文化等方面的文章，培养健康的职业情感和良好的职业道德。阅读中提高搜集相关职业信息的能力，从阅读中了解社会、了解职业，培养职业意识。阅读自然科学、社会科学类作品，领会作品中体现的科学精神和人文精神，进一步了解经济社会发展和科学技术进步对高素质劳动者的全面要求，增强学习知识和掌握技能的积极性和主动性。

教学时要因材施教，按需施教。针对不同专业的学生采取不用的阅读教学，不同的专业有不同的侧重点，把教学内容和专业特色结合起来，不仅培养了学生的职业素养，还提高了学生的阅读能力，更好地适应职业发展的需要。例如，在《洛阳诗韵》一文的教学中，建筑类专业应侧重于对洛阳这座历史文化名城所处的地理环境和建筑特点的分析，以及欣赏古代能工巧匠的精品佳作；《科学是美丽的》一文对机电专业的学生将来能够成为一名优秀的技师具有指导意义，表现了科学求真，真中含美；《一碗清汤荞麦》中母子三人在逆境中奋起，绝不向命运低头的精神鼓舞着焊接专业的学生，苦脏险累的专业特点影响不了他们对职业生涯的追求和对美好生活的向往。

中职语文教师要善于把教学内容与专业特点融会贯通，满足学生未来职业发展的需要，让中职语文教学更贴近生活、更具实用性。

3. 建立生活化师生关系

师生关系是中职学校众多关系中最基本的一种人际关系，良好的师生关系可以促进学生的身心发展并能提高教学效果。建立民主平等、和谐融洽的新型师生关系是实施中职语文阅读教学生活化的前提。

（1）严中有爱。中职语文教师应该做到既要教书更要育人，站在讲台上盛气凌人、批评指责的教师永远得不到学生的喜爱，实现有效课堂更是空谈。要想让学生亲近教师，教师首先要亲近学生。教师要以饱满的热情去关爱、呵护每一名学生，可以称呼他们的"昵称"，借此来拉近师生心理上的距离，让学生在亲近愉快、宽松民主的氛围中学习，从而形成民主平等、相互尊重的课堂环境。

（2）真情相待。中职学生有些是住宿生，生活化的师生关系要求教师关注学生的日常生活，做到体贴入微、关怀备至，关心学生的衣食住行，做到雪中送炭，教师应该切实地做到成为学生在校的监护人，合理尊重学生的兴趣习惯，注意保护学生的生活隐私，融入他们的生活中，成为他们的家人、朋友，让学生感受学校有着家一样的温暖，而教师又像父母一样关爱、呵护着他们。教学时，教师要善于发现学生的优点，及时给予表扬和鼓励，强化学生的学习兴趣，增强自信心，切忌讽刺挖苦学生，坚持做到一视同仁、不偏不倚，积极争取学生的信赖和爱戴。

（3）亦师亦友。中职学生是身心阶段发展的关键时期，他们的行为往往表现出自卑感严重，反抗性强烈，自控能力不足，人际关系障碍，等等。因此，中职语文教师应该承担起疏导学生心理的工作，无论课上、课下，与学生勤沟通、多交流，成为他们的知心朋友，了解他们的内心世界，时刻关注学生的思想和感情。部分学生不愿当面和教师对话，可以借助现代化的通信手段，如 QQ、邮箱等，分担学生的心事、秘密，正确引导他们解决学习和生活中的难题。

（4）师德熏陶。教师的教学态度和风格直接影响了学生的学习态度，在很大程度上也决定了师生之间能否建立良好的关系。中职学生常常在课堂上表现出注意力不集中的现象，如嬉闹闲聊、玩手机游戏等，这些现象需要教师的关注和重视，用温和的语言、恰当的方法去纠正。教学中，始终保持良好的教学态度和风格，调动学生学习的积极性，提高教学效率，做一位德艺双馨的好教师。要不断充实自我、完善自我，向有经验的老教师请教、交流教学和管理的心得。时常进行教学反思、钻研教育理论、探索教学艺术，努力将自己塑造成为一位关爱学生、教态优美、学识渊博、具有强大人格魅力的教师。

4. 有效利用语文阅读资源

（1）挖掘教材，深化文本。教学时，教师选择恰当的阅读策略指导学生挖掘教材、深入文本多角度地进行品读，培养学生的阅读能力。例如，朱自清的《荷塘月色》是一篇意蕴深厚、借景抒情的散文，为了帮助学生理解作者的苦闷心情，把"这几天心里颇不宁静"作为切入点，并结合当时的社会背景。但若将作者的苦闷仅归于此，显然又不是很全面，所以需要挖掘教材、深化文本。

（2）课外阅读，拓展补充。教师要为学生提供阅读书籍的平台和机会，激发中职学生阅读的兴趣，培养他们养成良好的阅读习惯。教师结合学生实际情况，列举优秀的书籍；

教师鼓励学生养成查阅工具书疏通阅读障碍的习惯；教师指导学生创建班级图书角，互通有无、交流心得；组织学生参加校阅览室的读书活动，鼓励学生向校图书室或市图书馆借阅图书；帮助学生制订课外阅读计划，保证阅读时间；开展各种读书活动。

（3）网络资源，取之精华。网络已经成为人们生活的必需品，同时它也是一把锋利的双刃剑，教师应积极采取措施把网络给学生带来的负面影响挡在门外，引导学生正确使用互联网。利用多媒体网络教室，为学生创设和展示阅读情境，提高学生的阅读兴趣；利用校园网的优势，创设贴近学生生活的网络文化；倡导学生正确利用互联网，有效开发阅读资源，开阔视野，拓展阅读空间，促进中职学生的个性化发展。

5. 语文阅读"活"在生活中

（1）贴近生活，构建生活化课堂。

第一，导语激趣。通过设计导语，唤醒学生的生活经验，利用已知激发对未知的兴趣，让学生以最佳的兴奋状态投入到学习中。根据不同的教学内容，设计导入语的方法、手段也是千变万化、花样繁多：设置悬念、创设情境、开门见山、诙谐幽默、引用诗词、讲述故事等。

第二，提问点拨。教师的提问是课堂教学活动的重要环节，是实现教学目标的一种手段。问题是否能激发学生思维，是否调动了学生的积极性，考量了教师的综合能力，教师设问的灵活巧妙与否直接影响着一堂课质量的好坏。课堂提问需要教师精心酝酿，设计的问题既有启发性又有趣味性，既立足于学生生活又能实现提问的目的。教师合理调控，使用机敏风趣的语言，给予学生热情的鼓励、适时恰当的点拨。

第三，情境体验。创设生活化的教学情境，教师将学生引入预先设计好的生活场景中，引发学生的情感体验，帮助他们体会作者的创作意图。例如，讲授《雨霖铃》时，事先安排两名同学表演一对恋人依依惜别时的场景，再配上伤感的音乐，此情此景，显然能够改变文言诗词令中职学生闻声色变的局面。多媒体教学手段的灵活运用让生活化的情境教学如虎添翼，激发学生的学习兴趣，提高记忆效率；活跃课堂气氛，增强情感体验；有效缩短教学时间，提高教学效率。

（2）深入生活，开展生活实践。生活化的阅读教学就是将语文阅读学习和生活实践紧密联系，努力挖掘与教材、专业、生活相关的元素，让学生在生活实践中学习语文、应用语文，提高语文能力和综合素质。

第一，课本剧表演。中职学生自尊心强，希望受到关注，但又缺乏自信心，不愿在众人面前展示自己。课本剧的编演可以培养中职学生的创新能力，在编写剧本时，学生对故事情节进行了适当添加删减，根据人物性格对语言进行了加工处理，整个表演既诙谐幽默又形象生动。开展课本剧表演的实践活动不但可以激发学生的阅读兴趣和表演兴趣，还能陶冶情操、增强自信心。

第二，内引外联。教师要善于通过教学内容，拓展语文实践活动，引领学生走进生活，从课堂的狭小空间步入社会的广阔空间。例如，在讲《将进酒》和《念奴娇·赤壁怀古》时发现，李白和苏轼都是在官场失意时写下的传世佳作，体会作者的思想感情，再联系作者的生活经历、时代背景，不难发现导致文人官场失意的种种原因：性格傲慢被人排挤、博学多才遭人妒忌、怀才不遇而自暴自弃，性格上的缺陷使他们止步于官场门前。课后布置实践作业：调查现代社会中毕业即失业的原因。这样的活动是为了使学生联系生活实际，多角度、多侧面地了解历史和现实的社会生活，培养学生的职业意识和初步规划职业的能力，为将来毕业树立正确的择业观和就业态度打下基础。

第三，情境表演。根据中职学生的生活实际需要和职业需求，将语文学习和专业训练有机结合起来，组织形式多样的语文综合实践活动，拓展和延伸课堂教学，如学习《洛阳诗韵》一文时，设置了这样的综合实践活动：请学生以一个导游者的身份，向游客介绍代表洛阳的特点的景观，景观选择不受教材内容局限，这样的活动不仅加深了学生对洛阳了解，也引发了学生对祖国大好河山的热爱和对中华民族文化的挚爱，更加锻炼了学生的语言表达能力。

（3）感悟生活，积累生活经验。阅读时，教师要善于引导学生感悟生活、勤于思考，不断积累生活经验。学生应该广泛地接触社会、融入社会，不光是听和看，更要去思考、去感受，凭借多种感官去观察生活、认识世界、积累经验。此外，读书让求知的人获得新知，让无知的人变得知事；阅读把枯燥乏味的学习变得生动有趣，把黯淡无聊的生活变得多姿多彩；阅读让学生收获快乐，让学生感悟生活，在生活中阅读，在阅读中成长。

二、中职语文阅读教学中的文本细读

（一）课程教学语境视域下的文本细读

"在课程教学语境下，文本细读结合了语文学科的工具性与人文性特征，从语言的语音、字词、语义、修辞等层面入手进行分析，整体把握文章内容，从而进入对文章的思想感情层面的感悟和理解。"[①]　课程教学语境下的文本细读要求细读主体调动自己全部内在神经，运用视觉、听觉等多种手段和各种视角并融入自身独特的情感体验直观文本，并在此基础上对文本进行细致、精确、全面的语义分析，实现对文本意义深入、透辟的解读。

---

①余艳秋．文本细读在中职语文阅读教学中的应用研究［D］．昆明：云南师范大学，2016：17.

　　课程语境下的文本细读的实质是以教师的细读引领学生细读，以教师的细读体验唤醒学生的细读体验，是教师引导学生与文本（或作者）进行对话，让学生在与文本对话的过程中主动地、富有创意地建构文本的意义。课程语境下的文本细读对于学生而言，既是一个发现的过程，又是一个体验和创造的过程。

1. 课程语境下文本细读的主要特征

　　课程教学语境下的"文本细读"的提倡与实践，有利于完成学生、教师、教科书编者、文本之间的多重对话，其服务对象转移到了教学身上。其根本宗旨和价值取向是通过发挥阅读主体的创造力，发掘文本意蕴。教师和学生是阅读教学的主要参与者，文本细读教学要求教师要始终立足文本，先行获得对文本的细读体验，并在课堂教学中以自身的细读体验为基点引导学生直面文本，让学生对文本的语言、结构、意义及隐藏于字里行间的深刻意蕴进行多角度、多层级的品读和挖掘。领会作品的丰富内涵，激活内心的情感体验。课程语境下的"文本细读"不仅需要立足于对文本的理性分析，更强调学生对文本的自身体验。强调将自身"体验"融入"细读"之中，注重学生与文本之间的情感交流。

　　课程教学语境下的"文本细读"主要应用于语文阅读教学中，通过教师的指导和示范，帮助学生逐渐掌握文本细读的方法，并最终能够独立应用这一方法进行阅读。课程语境下的文本细读既是一种阅读层面的方法，又是一种阅读教学层面的方法。

2. 语文阅读教学融入文本细读的意义

　　将"文本细读"引入中职语文阅读课堂，有利于纠正当前中职阅读教学中普遍存在的问题，进而提高阅读教学的效率。除此之外，文本细读应用于中职语文阅读教学还具有以下三方面的价值和意义：

　　（1）有利于确保学生学习的主体地位。学生在语文阅读教学活动中居于中心位置，教师、教材及其他一切的教学活动，都是为学生服务的，这充分体现了学生学习的主体地位。中职语文阅读教学中存在着学生主体地位缺失的现状，普遍存在着教师在讲台上激情讲演，学生只是充当听众的角色。学生处于被动状态，学习的积极性和主动性得不到充分发挥。文本细读应用于中职语文阅读教学，有利于确保中职学生的学习主体地位。

　　语文阅读教学的实质是教师、学生及文本之间的多重对话过程，其中学生与文本之间的对话是阅读教学实施的前提和关键。文本细读教学的实质是在教师细读文本的基础上，引导学生与文本进行深度对话，帮助学生理解文本，对文本形成自身独特的感悟和审美体验。课前的细读主体是教师，教师在课前通过对文本的细读获得自身对文本的独特体验和感受，在此基础上结合学生学情，确认教学的内容和教学实施的策略。教师的细读不是毫无目的的随意的读，而是以考虑学生的实际需要为出发点的细读，这样的细读保证了以学生为中心。

课堂上的细读主体是学生，教师的任务不是把自身细读的感悟灌输给学生，而是要想方设法引导学生直接与文本的对话，让学生在品味文本语言的过程中形成对文本的深刻的理解和感悟。学生的主体地位在这一过程中得到落实。

细读教学过程既是学生与文本之间的对话，也是师生之间、生生之间的对话，学生在多重对话的过程需要主动参与、积极思考、勇于表达，学生的主体地位在交流分享的过程中得到保障。

（2）有益于提高中职语文阅读教学的有效性。当前深化课程改革的关键和根本要求是提高课堂有效性。作为阅读主体的学生与文本之间是否发生了内在的交流，以及这种交流是否深刻、流畅和完整是课堂教学质量高低的评价标准。文本细读作为一种读书方法，不能只停留在读懂文字表面意义，还要求在读的过程融入思考，通过思考感受文本、理解文本、领会文本，并对文本做出判断。文本细读教学是在保证学生与文本充分接触的基础上展开教学，这样做既保证了学生作为阅读主体的地位，又避免了在学生还未与文本进行充分接触的前提下就解读文本重点，这样有益于保证阅读教学的有效性。

文本细读教学的实施以教师的细读先行作为前提，教师通过细读文本，对课文有了深入研究，既对课文形成了整体感悟，又对文字的组合，蕴含的思想、情感、价值观等有了深入浅出的把握，形成了自己独特的理解和思考，保证教师制定的教学内容和教学目标的有效性，教师在课堂上对学生的指导更具针对性和有效性，有益于确保教学的有效性。

（3）促使中职语文阅读教学回归阅读教学的本质。语文教学的目的在于培养学生感受语言、理解语言、积累语言，运用语言的能力，并在学生感受、理解、积累、运用语言的过程中使学生获得情感的熏陶、智慧的启迪和审美的乐趣，在学习语言的同时学会做人。

目前许多中职语文阅读课，往往只注重引导学生关注课文的内容和思想感情，不注意引导学生品味课文的语言，一味地注重内容理解、人文感悟，忽视语言的理解与运用。把学生对课文内容的理解当作教学主要的和唯一的目标，对课文中词句的表达效果、作者怎样运用语言表达思想和内容完全不顾，不注重引导学生在读的过程中学会写，这是一种失衡的做法，必然导致语文阅读教学的低效。

语文阅读教学中的文本细读要求在教师指导下使学生获得对文本的感知、理解、评价。文本细读从字、词、句入手，结合语言的修辞及其背后的丰富意蕴、内涵进行解读，可以使学生从语言进入文学文本的意义世界。倡导文本细读不仅能引领学生感悟到课文的思想内涵，也能引领师生体悟语言表达的力量与魅力。

（二）语文阅读教学中文本细读的策略

文本细读是提高教学有效性的必然途径。文本细读应用于中职语文阅读教学需要落实两个具体的操作步骤：一是教师的细读先行；二是文本细读教学的具体实施。其中教师的细读先行是实施文本细读教学的前提和基础，只有教师先行细读文本，对文本形成深刻的细读感悟，才能有效地指导课堂上的文本细读。文本细读教学的具体实施是文本细读应用于中职语文阅读教学的最终落脚点，其实质是在教师细读的前提下，引领学生细读，凭借教师细读的体验唤醒学生的细读体验。只有在课堂上具体地实施文本细读教学才能促使教师的细读向学生细读的转换，学生也才能在细读过程中获得阅读感悟、掌握细读方法。

1. 语文教师的细读先行

（1）"阅读教学是学生、教师、文本之间对话的过程。"在这一过程中，作为阅读主体的学生，通过阅读教学感受形象，品味语言，领悟作品丰富的意蕴，体会作品的艺术表现力，最终形成自己独特的对文本的情感体验和思考。教师是学生阅读的引导者，在教学过程中起主导作用，要帮助学生完成真正意义上的阅读与欣赏，教师必须对文本进行先行细读。阅读课前教师没有充分地对文本进行细读，就不能形成对文本的深刻的理解、感受、欣赏和评价，阅读课上很难与学生开展有效的对话，无法游刃有余地驾驭课堂。只有教师通过先行细读获得了感悟，才能帮助学生获得感悟；只有教师通过先行细读有了情感体验，才能引领学生获得情感体验；只有教师通过先行细读被感动了，学生才有可能被感动。

好的阅读课，深深植根于文本细读的基础上。教师的文本细读是阅读教学的前奏，阅读教学内容的选择、重点难点的确定、教学方法的选取很大程度上取决于教师对文本的解读。教师通过细读每一篇课文，以文本的细节为基础，"沉入文本"，挖掘课文中有价值的教学内容，并依据学生的学情具体确定教学的重点和难点。教师在细读文本的过程中确定细读的关键点，依据细读关键点，确定合适的教学方法进行教学。因此，教师的文本细读直接决定着课堂教学的内容及实施方式，直接决定着阅读教学的优劣。

（2）教师实施文本细读教学应具备的理念和意识。

第一，具备"文本细读"的理念。实施文本细读教学，教师首先应具备"文本细读"的理念，主观上对"文本细读"引起足够的重视。认识到文本细读在阅读教学中的作用，掌握文本细读的方法和原则。通过研读大量的关于课程改革、文本细读理论的教育教学著作，结合理论在实践中不断摸索总结文本细读的方法。探寻新课程背景下对教材细读的新思路，从而提升教师对文本的解读能力。

第二，明确阅读教学的目的。传统的阅读教学的教学目标是理解课文内容，体会文章情感，教学价值定位在阅读本身上。在这样的教学目标的引导下，学生通过学习所获得的是"意义"和"情感"。阅读教学的目的仅仅是"理解"。只有当阅读教学的目标跳出阅读自身的窠臼，从对语言的理解转向"语言形式"的学习和运用时，教学内容才会随之发生根本性的变化。

语文教学的根本任务，就是培养学生对语言文字的理解力、敏感度和表达力。阅读的知识并不仅仅是关于阅读对象（文本）本身静止的知识，更多的是关于阅读和写作的可以增值的知识；阅读的过程和方法不再隐藏在课文内容教学之中，而是从课文内容教学的幕后走向了阅读教学的前台，文本细读更强调文本自身的价值，是实现这一任务的有效途径。教师实施文本细读教学时，只有明确了阅读教学的正确的目的，才能更好地利用文本细读实现阅读教学的这一目的。

第三，确认学生是文本细读教学中的主体。阅读教学中的细读，其实质是教师引导学生与文本、作者、编者进行对话，让学生在与文本的对话中，感受艺术的魅力，增加生活的诗意和情趣。阅读教学中的文本细读虽然强调教师的细读先行，但细读的主体是学生，目的也是为了学生。对一篇课文的理解、感受，始终都是学生这一阅读主体的阅读和感受，阅读教学不是语文教师讲述自己对课文的理解和感受。教师在备课时心中一定要有学生，始终要考虑学生的主体地位。教师不能代替学生个人的阅读和思考，教师的细读不能替代学生的细读。

由于作为阅读教学主体的学生，并不是理想的细读主体，学生知识储备总体不足，阅读经验尚待丰富，阅读策略不够成熟，这就阻挡了学生对文学作品的深入理解和渗透。教师作为阅读主体的"辅助者"，就需要借助自己的人生阅历优势，努力创造情境对学生的疑问给予形象而通俗的排解。从语言、细节、篇章结构到文化背景都努力做出独到的解读。根据学生的认识水平、阅读经验、思维方式等做换位思考，在课堂上通过细读示范训练学生的阅读能力，并传授一些文本的阅读技巧和方法。

教师实施细读文本教学首先要明确阅读教学中的细读主体是学生，确认自身作为辅助者和引路人的角色。

第四，更新备课理念。语文教师通过对文本的仔细阅读，可以实现对文本意义的准确和透辟的理解，是语文教师备课理念更新的一个重要方面。传统钻研教材的目的主要是为了寻找教学中的重点和难点，设计突破重点和难点的方法。而文本细读则要求语文教师的备课应具有新的理念和新的视野，更新备课的理念首先就是要树立"语文意识"。

（3）教师进行文本细读的方法与步骤。教师进行文本细读是实施文本细读教学的基础，教学效率的高低与教师的文本细读密切相关，下面将结合备课过程中细读文本的具体做法，提出教师细读文本的步骤和方法以供参考。

第一，直面文本，寻找解读文本的关键点。直面文本是最重要也是最基本的细读方法。解读文本首先就要直面文本。直面文本，把握文本特点是教师细读文本的第一步。直面文本就是把教学参考、教学资料以及网上的教学设计等先悬置起来，以一种不急不躁的心态，潜下心来，专心致志、全神贯注地去面对文本，让心灵与文本对话，捕捉阅读的第一感觉，既关注阅读感受，又关注文本的内在意义及结构，获得对文本的阅读体验和认知。

从语文学科的特殊性来看，语文教材和其他学科教材相比不同之处在于：其他学科的教材大多直接呈现教学的内容，而语文学科只呈现承载教学内容的文章。语文教学的知识技能、情感态度和价值观就隐藏在这些入选到语文教材中的古今中外优秀的文学作品中，文本的深层内涵又潜藏在课文的语言文字中，需要教师敏锐地发现课文字词句段、标点修辞等的关键点，从而挖掘出文本的深层内涵，抓住文章的关键点成为深入分析文章的重要依据。教师直面文本时所寻找到的解读文本的关键点决定着整个教学的开展。

在应用文本细读备课时教师直面文本，寻找解读文本的关键点的具体做法是，在不借助教参、网络及任何教学参考资料的情况下，不急于去细致地解读课文，而是认真反复默读、高声朗读课文 2~3 遍，对文章的内容有所把握。在对课文内容有所把握的基础上，教师开始细读课文，细读课文的方法是边读边分条记录阅读时的感悟。这些阅读感悟可以是对文中用得好的字词、句子的解读及自我的分析；也可能是针对课文提出的疑问及对这些疑问理解和解答；还可能是对文章内容、写法等突出特点的归纳总结。总而言之，只要是反复阅读课文的过程中所获得的感想和体会都进行记录。读完一遍，还有的细节可能尚未被解读出来，可以按照同样的方法再反复读，每读一遍都有一遍的感悟和理解，对课文的解读在一遍一遍的阅读和记录中变得越来越丰富和深刻。然后将记录下的这些零碎的感想和思考进行归纳和整理，解读课文的关键点就已经包含在教师所写下的这些阅读感悟中了。

第二，广泛阅读与文本相关的资料，对文本进行拓展细读。提倡文本细读，直面文本要学会打开细读的视角，参考与文本相关的资料或是名家对课文的解读和研究，能够帮助教师打开视野，扩充信息量，对文本进行拓展，反哺对文本的感悟，更全面精准地认识到文本本身包含的意义及其潜在教学价值，从而选择更合宜的教学内容。与文本相关的资料是丰富的，在课程教学语境下解读文本，这些资料可以是教材编者的"编写说明""单元提示语""课后思考练习"，能够找到的与文本相关的文史资料包括"课文的写作背景""作者介绍""作者的手稿""对课文的评价"等一些散落的微型文本，也包括与课文题材相同或相似的文本，也可以是与文本内容相似的现实生活等。

对文本进行拓展细读必须基于文本，围绕文本，对文本进行迁移和扩充，拓展文本的深层意蕴及内涵，为教学而进行的细读，面对文本时需要有一种开放兼容的姿态，不论是他人的见解还是自己的感悟，只要有利于文本，有利于教学的实施，教师都可以拿来为己所用。

第三，"细读"学情，确定合宜的教学内容。通过细读文本及与文本相关的资料后，教师对文本的解读是丰富的、全面的，但并不是所有的解读结论都需要在课堂上教给学生，有限的课堂教学时间也不允许把所有的细读结论完全作为教学内容教给学生。教师需要对细读结论进行取舍，确定适宜的教学内容。确定适宜于学生的教学内容应从学生的立场和角度出发"细读"学生的学情。

第四，以"学的活动"为基点设计教学环节。教学内容确定了之后，就要设计相应的教学环节。教学环节是为教学内容的展开而设计的相应步骤。教学环节的实质就是教师组织学生进行充分的"学的活动"。设计要以学生"学的活动"为基点，着重考虑学生怎样学才能学好，每一个环节都应以充分的时间让学生"学的活动"得以充分开展。

2. 文本细读教学的对策

课程教学语境下的文本细读最终是为课堂教学服务的。现结合自身应用文本细读实施教学的案例，谈谈中职语文阅读教学中的文本细读实施策略。

（1）保证学生充分阅读文本，整体把握文意。阅读教学中的文本细读是教师通过将自身解读的亮点转变为课堂上学生学习的着眼点，引领学生直面文本，沉入语言、揣摩语言，将文字还原成画面、还原成场景，激活学生丰富的生活体验和阅读积淀，带领学生挖掘文本的深层内涵及感悟情感，获得审美享受和情感升华的过程。学生是学习的主体，学生与文本的充分接触显得尤为重要，在学生还未对课文形成整体印象，对课文的重点部分尚不熟悉的前提下就要求学生对文中的词语、句子进行品味咀嚼，必然会因火候未到造成学生体会不深、理解肤浅、不得要领。因此实施文本细读教学教师首要的是确保学生充分阅读文本，把握文意。读通、读顺是阅读教学最基本的要求，只有在读通、读顺的基础上才有可能进行词句的深入品味和感悟。学生没有充分阅读文本，文本的位置在学生之中就会处于空缺或半空缺状态，导致所有的理解、感受就成了泛泛之谈，最终让语文教学事倍功半。保证学生充分阅读文本是保证课堂走出"架空文本""无效讨论""无中心拓展"等教学误区的有效手段，课堂才有可能走向高效，才能取得实效。

学生对文本的充分阅读如果完全依赖课堂上完成，势必花去大量的课堂教学时间，不能完成教学任务。既要保证学生充分阅读文本，又能保证"细读"教学的高效性，课前的预习显得十分重要。对于学习缺乏主动性和积极性的中职学生而言，如果只是口头布置预习，大部分中职学生并不会真正地去阅读课文，即使一部分学生进行了预习，也只是匆匆浏览一遍课文，谈不上充分接触文本。在实施文本细读教学的过程中，为了使学生的预习更有针对性，保证学生的预习真正得到落实，教师应依据课文内容、体裁、讲读形式等灵活进行设计，结合课后练习，采用"课前导读表""导学练习""三读要求"等形式布置学生预习，保证预习环节得到充分落实，并注重抓好课前的检查，有效地保证了学生能够充分阅读文本。

（2）引领学生品味语言，挖掘文本深层内涵。学生能够"粗略"读懂的是文章的基本内容，对文意的把握停留在对文本的表层含义的把握之上，属于"浅阅读"。学生要真正读懂一篇文章，应该是对文章的深层内涵有所领会。而文本的深层内涵恰恰隐藏在学生不能够领会的文本的"深奥之处"。深入理解文本内涵是阅读教学成功的关键，挖掘文本的深层内涵，必须通过品味语言来实现。任何作品都是由语言构成的，任何文本中深刻的思想、充沛的情感、精妙的诗趣哲理，都是依托词语、句子呈现的。任何作品的解读都必须从语言入手。新课程改革也强调语文教学应该从"关注文本"向"关注文本的语言"转变。文本细读具有指向言语的特性，细读的起点一定是文章的语言。细读文本时需要对文本中重要的词语、句子、段落甚至标点等关键点进行品读。

品味语言的实质是通过对作品中的语言文字进行品析、体味、品评与欣赏，发掘文学作品字里行间里所蕴含的意思、意味。它不是一个单一的读的过程，它与理解、感受同步进行，理解、感受的过程就是品味语言的过程。细读教学的重要内容之一是引领学生品味语言。加深对文本的理解，掌握作品语言表达的规律，提高运用语言的能力是品味语言的目的。品味语言的方法尤为重要，实施文本细读教学教师可以引导学生品味语言的常用方法如下：

第一，结合语境品味语言。文本细读中的语境特指某个词、句或段与它所在的上下文的关系，正是这种与上下文之间的关系确定了该词、句或段的意义。语境是文本细读的一个关键点，只有品读好语境才能更好地理解文本的内涵。联系语境品读，是品读语言的根本原则和总的方法。

"品味语言"所要品味的不是"用于积累"的脱离语境的所谓"好词好句"，而是那些在具体语境中贴切地表达意思、意味的字词和语句。所品味的不是好词好句的"精彩"——给它们贴上"生动""传神"等标签，然后划出、记住，而是对这些字、词、语句在具体语境中的真正内涵、感情色彩和表达作用等进行辨析、品味和理解。

第二，在比较中品评语言。比较是鉴别的基础，在比较中语言运用的好坏得到最直观的展现，细读文本、品味言语的简捷的通道就是比较。细读文本时运用比较的方法，能帮助学生更真切地感知文本内涵，学生通过改换词语中的用字，变换不同的句式、变换语句的顺序，参看作者的修改稿等不同形式的比较，辨别语言的优劣、情感的深沉，发现文本语言的妙处，品评语言的意蕴，走进人物的内心世界，从而对文本形成自身独特的感悟，同时提高学生对语言的敏感度。

第三，破解矛盾理解语义。文本的语言只是一种显性的存在，而作者真正所要表达的思想和情感往往隐藏在语言这一外在形式的背后。为满足表情达意的需要，作者在进行文学创作时会有意设置很多"矛盾"，因此文本中会出现的一些看似自相矛盾的句子，成分间"悖理"的搭配，或词语使用不合习惯等语言现象，教师引导学生发现并破解这些矛盾悖理之处，往往能够使学生对文本的内容有更深入的理解和把握，了解作者的表达方法和技巧。

第四，圈点批注深化感悟。圈点批注是读者在阅读时结合自己的生活经验与文本对话，为深刻领会文章思想内容、语言形式与情感，用文字或符号把对文本中关键处、精彩处进行深入思考的结果和感悟的内容记录下来的一种阅读方法。圈点批注的过程不仅是对文章思考、品评、鉴赏的过程，也是消化、吸收、转化和运用的过程，是多角度、高层次的阅读活动。在细读教学过程中，圈点批注既是帮助学生理解感悟文本的手段，又是促使学生内化语言方法，是细读文本的一种重要且行之有效的方式。

实施文本细读教学的过程中，教师应有意识地指导学生在阅读文本的不同阶段运用圈点批注的方式细读文本。

初读文本时，教师要求学生标注自然段的序号，圈出需要注音、注释的生字词语，勾画文章的中心句或重点语句及初读时有所感悟的字词句段。这样做的目的是促使学生读通文本，理清思路，了解文章的结构框架，整体感知文章的内容，再读文本时，则设计相应的问题，让学生带着问题阅读文本，在阅读的过程找到问题的答案并进行圈点勾画，这样教学的重难点、疑点，解读文本的关键字、词、句、段时会被学生发现，引起学生的思考。这样做的目的是帮助学生读懂文本。三读文本时，让学生对圈点勾画的内容进行深入的思考，做批注、写感悟、做评价。将学生对文本的理解引向深入，这样做的目的是让读者真正走进作品，形成自己的理解和感受，产生自己对文本的独特创见。这样圈点批注就能始终贯穿于细读教学的始终，真正做到把学生的时间还给学生，体现学生学习的自主性和主体地位，避免了以教师的讲解代替学生的阅读实践。

圈点批注可以促使学生在读书时深入思考、拓展思维、培养习惯、形成能力。学生养成圈点批注阅读习惯可以提高对文本的感悟、理解、欣赏、评价能力。养成圈点批注的阅读习惯，学生将终身受益。

（3）创设情境，激发想象，激活体验，实现阅读还原。语言文字所描述的显像结构本身没有直接可感性，必须借助于人的想象，将干瘪枯燥的符号还原为形象鲜活的画面，借助联想将已有的生活经历和经验还原产生移情体验，产生一种如临其境、如见其人的阅读"心理图像"，即实现阅读还原。从某种意义上说，阅读的能力就是"还原"的能力。实现阅读还原需要激发学生的想象，或是激活学生过去的某些与文字所描绘相似的情感体验。阅读还原是读者与作者心灵对话的桥梁和通道。细读不只是读，还需要借助想象和联想，细读不能产生想象和联想，读了等于没读。想象、联想是实现阅读还原的主要途径。

文学是人学，是人情感的外在表现。文本细读教学法讲究情感原则，尊重文本的情感性，有效激发想象和激活情感体验的有效途径之一就是创设一定的情境使学生走进文本并走进作家的精神世界。文本细读教学中，教师要善于通过各种途径和方法创设文本情境，激发学生的联想和想象，移情于文本，深切感悟文学文本的情感因素，并最终融入审美对象之中。这样学生在获得美的享受的同时，审美趣味得到提高，并获得对生命意义的深刻感受和领悟。帮助学生从各自的经验出发去实现与文本的融合，学生在对文本语言进行拓展与延伸、对应与联系，探寻与创造的有效链接中，文本语言的内蕴也逐渐变得丰润起来。

（4）设计基于文本语境的说、写训练，实现迁移贯通。读写结合，是天然的教学现象，阅读教学中如果没有了"写"，就损失了半壁江山。遗憾的是日常教学中许多教师的阅读课都没有让学生动笔，而是将大量宝贵的时间浪费在琐细的答问、浅谈的讨论和教师超量的话语上。阅读教学，应该腾出时间、腾出手，让学生多读、多写。文本细读是阅读教学的起点，也是写作教学的落脚点，用细读来促进写作，用写作来再现细读。推动文本细读，需要细读成果的表达和再现。教师组织阅读教学时，要具有"迁移运用"的眼光，将阅读与写作结合起来。通过学生表达和再现，将细读引向深入。读写结合是推动文本细读的重要手段。教师在文本细读过程中应关注文本怎么写，为何这么写，发现隐藏在文本的语言增值点，设计基于文本语境的说、写训练，在读写互动中迁移学生的表达能力。

文本细读教学实践中，教师会逐渐认识到训练学生表达能力的重要性，开始尝试依据每篇课文的教学内容，有针对性地设计基于文本语境的说、写训练，促使学生将细读的结果表达和再现出来。

3. 文本细读教学的建议

（1）注重诵读。诵读是感悟作品的基本策略，是语文训练最基本的形式和手段。对文本进行反复朗诵，本身就是进行文本细读的方式之一。

在中职学校，因为考试不考诵读教师就容易轻视诵读。部分教师在课堂指导学生诵读时就有一些不当的做法，导致诵读的作用不能充分发挥出来。如：由于学生诵读课文时，一时读不出感情，找不到诵读的感觉，为不浪费教学时间教师就放弃让学生充分诵读的机会；要求学生诵读前，不做诵读方法的指导，不向学生强调诵读时应把握的重点；学生诵读后不善于对学生的诵读做出合理、正面、积极、有效的鼓励和评价，导致学生对诵读失去兴趣；只着眼于整篇课文的诵读，不善于引导学生对课文局部或细读关键点进行反复诵读等，这些做法导致诵读的作用发挥不出来。

通过对名师文本细读教学案例的分析，可以发现很多名师在授课时，都十分重视诵读在文本细读中的作用，善于引导学生对课文中的重点段落、句子进行反复诵读，让学生在反复诵读的过程中理解课文的思想内涵，感受文中的情感熏陶。教师在实施文本细读教学时也开始重视发挥诵读在细读教学中的作用，尝试运用教师范读、学生表演朗读、配乐朗读、个别读、小组读、分角色读、全班齐读等多种方式指导学生反复诵读全文或文中描写精彩的段落、情感丰富的段落、解读的关键段落、关键的词语或句子。让诵读贯穿到整个细读教学过程的始终，并注重每一次诵读前一定要针对诵读的词语、句子段落进行诵读要点的指导，对诵读停顿、重读等的指导，注意针对学生的诵读进行指导和积极正向的点评。这些尝试让教师深深地体会到诵读对帮助学生体会文章传达的情感确实具有不可估量的作用，是对文本关键点进行细读的非常重要和有效的辅助手段。同时，学生通过大量的诵读渐渐将课文中的语言内化为自己的语言，从而增强语感。

一味地让学生高声齐读，看似营造了认真读书、书声琅琅的课堂氛围，但却不一定能加深学生对课文的理解和感受。细读教学中注重诵读形式的多样性，保证诵读的效果，让学生在读的过程中加深对文本的理解，获得体会，读出自己的感受和情感来。

（2）重视"对话"。阅读教学是学生、教师、教科书编者、文本之间的多重对话，是思想碰撞和心灵交流的动态过程。文本细读教学在某种程度上表现为一种多形式的自由对话过程，其本质是为了促进学生言语和精神的协调发展。文本细读教学中重视"对话"，能够打破中职语文阅读教学单一的教学模式，改变教学现状，一定程度上调动学生学习的自主性和积极性。应用文本细读进行教学，教师首先就要认识到"对话"教学的重要性和意义，在教学过程中始终贯彻"对话"原则。一方面，要明确倾听是对话的基础，没有倾听就没有对话。理解是对话的核心，只有在理解的基础上进行的对话才是有效的对话。一切对话最终又要回归到倾听这一起点中来。教师要为理解去倾听，不要为评价去倾听，只有这样教育才能有其真正的意义和价值。另一方面，教师要在对话中掌握言语的主动权，站在学生的立场上思考问题，挖掘学生言语表达的深层意图，让学生感觉到对话的自由和平等，并运用多种教学技巧来促使对话的有效展开。

（3）倡导多元思维和个性化解读。阅读是学生的个性化行为，不应以教师的分析来代替学生的阅读实践，这就要尊重学生对语言体悟和品析时的多元化感受。在细读文本时提倡多元思维，鼓励多元价值的解读，这样才能获得对文本丰富而深刻的思想内涵。

由于阅读主体的生活阅历和阅读态度不同，决定了每一个人细读文本时的理解和感悟不一定相同，因此，文本细读的细读结论不存在唯一的标准答案。细读教学的过程是一个师生间相互启发、相互补充、相互交流的过程。教师需要珍视并尊重学生阅读过程中独特的体验和感悟。

三 、中职语文阅读教学中的人文教育

人文教育就是人文精神在教育中的渗透和体现，旨在培养学生的人文精神，提高学生的人文素养。人文教育的核心和实质是人文精神。要想真正解决当前教育中以及社会中存在的问题，就应对学生进行人文精神的培养，人文教育的内涵主旨即在于此。

（一）人文教育的目的和意义

"人文教育它关注的是人与人、人与社会和人与自然尤其是整个精神世界的关系是否和谐的教育。"① 目的是通过传授人文知识、培养和提高人文精神，教会人们对自身行为和社会的各种现象做出正确、合理的价值判断及选择，也就是教会人们如何做人。

不同的时代，人文教育的主要目的任务是不同的，但做人的教育这一内涵却是相通的。人文教育最重要的功能就是"教人做人"。人类社会的真善美、伪恶丑和人类社会所走过的历史，主要是通过人文学科丰富的文化内涵来揭示的。我们只有不断反省历史和审视现在，才能找到人类社会明天的路。通过人文教育，人达到更高的思想境界，才能成为一个知识广博、人格高尚、内涵丰富的人，成为一个对他人、社会和自然具有普遍人文关怀的人，成为一个具有较高人文素养、身心健康的人。人文教育的目的与意义表现在以下四方面：

第一，唤醒个性解放和个人自觉。从教育学的角度看，要唤醒人的自觉，相对于自然科学教育而言，主要途径和方法是人文教育，通过人文教育，学生可以反思历史得失、思索人生价值、体悟终极关怀。教育之所以为教育，正在于它具有唤醒心灵、解放人性、诱发潜能的功能，让人具有明确的主体意识，去思考自己是谁、身负的责任和使命、自己的意愿和能力等问题，才能深刻地体会到生命感、价值感。人文教育就是要唤醒个性解放和他们的自觉性。

第二，抵御物质主义影响，提供人文精神导向。现代人受物质主义与功利主义观念的影响，往往强调物质生活，追求感官享受，讲求简单的快乐。人文教育重视对人自身的内

---

①张圣起．中职语文阅读教学的人文教育探析［D］．石家庄：河北师范大学，2010：12.

在的教化和塑造，它教育人们认识到只有经济和物质的一般追求是远远不够的，人还应该有精神和价值的更高的追求，通过人文教育，年轻一代不仅要知道人类过去和现在所取得的辉煌成就，还应清醒地认识到人类目前所面临的困难和问题，并使年轻一代具备继承人类文化的信心和能力。理性地去思考人生的意义和人类理想的明天。

总而言之，人文教育能为个人提供一种正确的价值理念，为社会提供一种正确的人文精神导向，人文教育对于我国改革开放转型期受多元文化影响的社会价值体系的建构具有重要的意义和作用。

第三，克服智育至上的教育偏失，促进全面发展。我们在教育目的中提出德、智、体、美、劳全面发展。但现代职业学校教育受"市场"和"就业"等因素的影响，在教育内容上，专业课程注重逻辑化和系统化的理论知识，注重科技知识的传授和实用技能的训练；文化课程则为应对考试或就业面试只是在皮相上下功夫，而无视或忽视对学生进行人文精神的培养。另外，职业教育专业课改革，文化课被边缘化，无暇顾及人文教育。在教育过程上，重视对流程的理智控制和规范化、程式化，而忽视师生间的情感交流和沟通，注重教师主导地位而轻视学生的主动性；同样，在教学方法方式上，最主要的教学组织形式还是以课堂教学为主，以各种实训器材、教学仪器、教具对学生进行训练。因此，只重视智力的开发，而忽略了人非智力因素情商的开发，忽视了人文精神的培养，是不完整的教育。

第四，凝聚民族精神，提高国民综合素质。历史的进步源于对民族过去经验的"新的理解"，同样，民族的发展也必须立足该民族的文化传统，继承是创新的基础。落后就要挨打，这是我国近现代史总结出的沉痛教训。表面上看一个民族的落后就是科学技术的落后，实际上民族精神、民族素质的落后才是导致民族落后的更深层的缘由。民族精神是一个民族在生成、发展过程中逐渐积淀下来的民族生存哲学，是一个民族得以生存和延续的灵魂。人文教育本质上是人的教育，精神教育是一种通过语言指向人的心灵的教育。通过人文教育，了解本民族的文化，将母语所蕴含的民族文化、民族精神的根扎在心灵的深处，并在此基础上构造起自己的精神家园；通过人文教育，增强本民族的价值观念，增强民族自信心和民族自豪感，把实现个人价值和社会价值统一起来；通过人文教育，凝聚民族精神，提高国民综合素质，从而推动整个社会的全面进步。

（二）语文阅读教学中实施人文教育的策略

1. 挖掘文本中蕴含的人文因素

语文文本中蕴含着丰富的人文因素，是对中职生进行生命意识、责任意识、爱的教育、理想与意志、审美意识等人文教育的良好资源。要在阅读教学中让文本中的人文精神得到有效再现，教师就必须钻研文本，正确把握并有效挖掘文本所蕴含的丰富的人文精神。

（1）用拓展的眼光挖掘文本内蕴的人文因素。阅读是一种个性化的行为，需要把独特感受与作品内涵结合起来。阅读过程是学生按照自己的兴趣、情感、理解、想象乃至潜意识行事的主动者，他进行关照体验，艺术再创造，他与敞开的文本对话，把自己的生活当正文，把文本当注解，读出自己眼中的世界。

（2）用时代的眼光去挖掘文本蕴含的人文因素。当前是知识经济时代，是信息化时代，受多元文化的影响，学生在阅读过程中与文本背后的作者对话交流时，因所处的时代不同会不惟作者原意是瞻，甚至有时采取背叛性的阅读。因此对于不同时代的选文尤其是时代较早的选文，特别是寓言和古文以及诗词的教学，我们更应慎重，注意因时代不同造成的审美、观念等差异。

（3）用适度、混沌、模糊的眼光去体悟文本蕴含的人文因素。语文文本内容包罗万象，内涵丰富多彩，是一门具有较强模糊性的学科。文学作品所反映的社会生活复杂、广阔、深刻性，使文本具有歧义性、模糊性、不确定性；再加上阅读是读者与文本对话、体验共融创造的回环往复的过程，受读者情感、知识、审美、观念等诸要素影响，对文学作品的任何解释也就不是唯一的、正确的、最后的解释。

2. 倡导进行诵读阅读的教学方法

诵读是培养书面语语感、大量积累语言材料、提高读写能力和语文素养的必要途径。通过诵读文本，学生想其景、揣其义、摹其情，在耳濡目染、潜移默化中提高了语文素养，涵养了人文精神。

（1）诵读唤醒文本的生命律动。汉字是音、形、义的统一体，由汉字象形、会意、形声、指示等造字法可知，其形体结构往往具有直观性、象征性等特点，汉字就是文化的形体结构。汉字可以与人们的思想、情感和生活密切相连，与民族文化是内在同一的。汉字是"有筋有骨有血有肉的生命单位"。同时汉字独特的声调又有着音乐般的气韵，具有音乐美。汉字是有温度的，汉语言是有生命的。如果说一个个汉字是音乐中的音符，那么中职语文所选的阅读文本就是一首首优美的乐曲。

然而，在我们实际的语文阅读教学中，往往忽略了语言内涵下的诗性因素、情感特点，为了应试和完成教学任务，一味地进行语言技术训练。针对阅读教学而言就是简单地增加阅读量，用跳读法、默读法等，加快阅读速度，用信息筛选法和排除法可以在短时间内做更多的题。精美的文本，成了老师课堂上"演独角戏"的脚本，这种做法已经把

"读书"等同于做题，把成绩等同于能力。中职学校更加注重实用，往往只开设演讲课和应用文课，即使开设普通语文课，也是课时太少，为赶教学进度，学生朗读时间比较少。

诵读，作为语文阅读教学重要方式之一，就是要超越对文本局部的、片段的理解，培养学生的语感和整体感知，进而想其景、揣其义、摹其情，引领学生进入文本世界，把握文本深层意义。

（2）诵读唤醒主体人文精神的再创造。诵读是人多个感官综合感受的结果，在诵读过程中人的眼、手、口、耳、脑等都要动起来，多种感官协调活动。如果说语音是舞动的乐符，那么语言则是舞动的乐章。在抑扬顿挫、错落有致的诵读中会唤醒主体人文精神的再创造。

语音作为文字的声音表达，同样是形成汉语诗性特征、表达文化意蕴的重要手段和方式，特定的音响能象征稳定、永恒、明暗、大小等，能暗示激越、温柔、感伤、愉悦的复杂感情。诵读中，节奏的明快、声音的和谐，能产生理想的音响效果，使学生各种内在情感的意义达到奇妙的对应，与人的情感形成同构对应关系。在诵读中会产生丰富的想象，能激发读者的精神再创造。

3. 创建具有人文关怀的语文课堂

在语文课堂阅读教学中，教师应构建充满人文关怀的语文课堂，让课堂充满成功和师生和谐的笑声，让课堂洋溢智慧和丰富多彩的答案，让课堂成为学生心灵自由翱翔的殿堂。

（1）创造宽松自由的学习情境。创造宽松自由的学习情境，才能唤起学生主动体验的热情。学生是课堂上具有独立人格的主体，教师应把学生当成一个主动积极的认知者，只有解放他们的思想，把文本普遍意义与个性化的解读有机结合起来，才能很好地实现语文阅读教学的人文精神的培育。就是要求我们在具体教学过程中，运用多种教学手段创设与文本相同或相似的课堂情境，给予学生自由，让学生自主、自信地去学，发挥他们的主体积极性。这些自由主要体现在以下三方面：

第一，思想自由。传统语文教材中存在着不同程度的单一化、模式化的作品解读套路，这禁锢了学生鲜活的思想。在阅读教学中我们应打破这一别里科夫式的套子，解放学生的"头脑"，让学生们"敢想"，鼓励学生独立思考、大胆质疑。面对课文，教师和学生之间，教师、学生和作者之间应该在平等的基础上，各抒己见、交流碰撞。当然，有时学生的见解是偏颇的，甚至是错误的，但教师也不应该把自己带有普遍意义的"见解"强加给学生，而是要引导学生不断自悟，在平等交流中得到修正。当然有更多的时候学生对文本有着独特的体验和理解。

第二，言论自由。教师不要让学生戴着追求"标准答案"、寻求"普遍规律"的镣铐跳舞，应鼓励学生大胆说出对作品的个性化解读。问问题是学生思考和质疑的具体外在表现，而说出来则是学生思想和体悟内化的过程。课堂上，学生言论自由，敢于问问题，敢于发表不同见解，能够独立思考、畅所欲言。这样，阅读教学过程当中，学生的体验与教师的体验形成有效交流沟通，这也会进一步激发教师的教学灵感，在这种交互中创造出意想不到的成果。但现在的教育存在的弊端是教师往往有意无意剥夺了学生课堂上言论自由的权利，学生主体积极性没有得到充分发挥。所以能让学生畅所欲言，给学生言论自由，往往能开发学生的多元思维。

第三，行为自由。在职业学校语文教学中，根据中职特点给予学生行为自由尤为重要。因此，教师应做到：①根据不同的课型教学的需要，可改变现在教室座位单一的排列形式。在以小组为单位的合作式教学中，教师可把"讲台"搬到学生中间去，形成多个方阵，或形成圆桌会议式等形式，发挥生生之间的互助协作。②根据不同文本的难易和教学目标的需要，在课下充分准备的基础上，课上可以让学生当一回小老师，鼓励学生大胆走上讲台，这有利于培养学生敢想、敢说、敢做的个性。③力求课堂向社会、向大自然延伸，鼓励学生多动手、动脑，多参加实践，合理利用报刊、图书馆、电子网络、实践工厂企业等有效资源，开阔学生的视野，使之了解人类文化的多元性和世界的多样性，学会正确的认识和评价社会。

（2）创造交流互动的学习氛围。交流是有效教学的前提和基础。创造交流互动的学习氛围对阅读教学尤为重要。要使语文阅读教学有激情、有活力、有创造，就必须展开多角度、多层面的交流，让不同的生命体悟、不同的意见在交锋冲突中得以丰富提高，使其人格、灵魂、精神等得到全面构建。教学要形成这种交流对话，教师应注意以下三点：

第一，平等，教师和学生在教学中是平等的主体，在交流过程中教师是平等者的首席。教师不能把学生看作有待加工或重塑的对象，更不能把学生当作"器""筐"，总想往里"灌"或"装"，而是讨论共同文本具有独立人格的主体。在交流过程中，基于平等的人格，师生双方把各自的情感、思想、体悟、经验与知识等都参与到交流中，双方在交流互动中滋润了其阅读的灵性，获得精神的沟通与升华。

第二，充分，即给以学生充分的阅读讨论时间。阅读的深入、讨论的充分才会把言语符号内化为精神。尤其是在交流中思想产生碰撞时，教师要给予学生充分的时间展开讨论，使讨论趋向深入。

第三，引导，教师一定要对学生做适时的引导，教师阅历相对丰富，应以深刻的生命体悟，参与、融入到学生的阅读活动中去，以平等者中的首席引导学生阅读体悟，提升学生的精神境界。

（3）创造开放广阔的学习时空。要打破以前的封闭式语文教育，积极倡导语文教学内容、过程、方式、评价等全方位的开放，创造开放广阔的学习时空。

第一，开放教学内容。教师应把教材作为圆心，并根据学生的实际情况，积极利用课外学习资源，对教材中的有关内容做适当的调整或重组。通过开展语文实践活动，促进学生利用课堂教学资源和课外学习资源，开放教学内容，加强书本学习和实际应用之间的联系。加强教学内容与社会生活、职业生活以及专业课程的联系，创设与职业工作相近的情境。

第二，开放教学过程。教学没有指令性，实施模块式教学。新的中等职业语文教材分为三个模块：基础模块、职业模块和拓展模块。除基础模块是各专业学生必修的基础性内容外，职业模块是限定选修内容，拓展模块为任意选修内容。在各模块教学中都强调语文的综合实践活动。

第三，开放教学方式。根据中职学生学习需要，实施分类指导和分层教学。教师应重视现代教育技术与语文课程的整合，提倡恰当利用数字化教学资源，作为辅助教学的手段，积极倡导自主、合作、探究的学习方式。

第四，开放教学评价。语文教学评价应体现检查、诊断、反馈、激励、导向和发展的功能，尤其要注重发挥诊断、激励和发展的功能。评价的主体多元化，从而使评价更加全面与公正。应重视对学生学习的整个过程的评价，例如"全程考核法"就是一个很好的尝试。对学生的课堂表现、笔记作业、单元小测、期中考试和期末考试进行综合评价，关注学生的学习态度和人文素养的评价，促进学生既重视学习结果，也重视学习过程。

4. 拓展课外阅读进行人文教育

课外阅读活动是阅读教学的重要组成部分，阅读习惯的养成会使学生终身受益。课堂阅读毕竟篇目固定、时间有限。尤其职业教育的改革，削减了文化基础课的课时比重，如何利用有限的在校时间更好地促进学生人文素养的提高，作为中职语文教师，就应该发挥好课外阅读的作用。课外阅读是课堂教学的延伸，有效的课外阅读会对课堂教学产生积极的影响。指导学生拓展课外阅读，培养他们的阅读习惯，潜移默化中提高了学生语文的综合能力，涵养了人文素养。

第二节　中职语文写作教学

一、中职语文写作教学的定位

中职语文教学大纲中的课程教学目标是指导学生学习必需的语文基础知识，掌握日常生活和职业岗位需要的现代文阅读能力、写作能力、口语交际能力，指导学生掌握基本的语文学习方法，养成自学和运用语文的良好习惯。与此相适应，教材应该达到大纲所提出的正确处理语文知识教学与能力训练密切结合的关系，阅读能力、书面表达能力、口语交际能力互相促进、共同发展的要求。

此外，教材应该将阅读、写作、口语训练的要求作为教学内容予以明确，教材内容上，写作、口语训练、阅读探究三者并重，将写作与口语交际训练、语文综合实践活动一起提高到了同等重要的位置，但是真正实施起来还是困难重重。

二 、中职语文写作教学的策略

语文课程中的写作，主要是指学生根据教师提出的要求，采用书面语言进行文本创造，以提高和发展自身写作能力的学习活动。从本质特征来看，写作可以理解为一种利用语言文字符号传递信息知识、表达思想情感、反映客观事物的脑力劳动过程，对于学生的语文综合素养具有较高的要求。为此，在组织写作教学时，教师应该准确把握具体的教学目标，全面了解学生实际的写作水平，然后以此为基础实施具体的教学策略。这样可以使教学过程更加符合学生的学习特点，从而循序渐进地促进学生写作能力的发展。

第一，提升写作语言。从具体的内容来看，语言文字是作文最基本的构成要素，作文中的情感表达、事物描写以及信息传递等内容，都是建立在语言文字合理应用的基础上的。也就是说，为了提高学生的写作质量，一个十分重要的前提条件就是要使学生掌握一些具有实用价值的写作语言以及表达方法。为此，教师可以引导学生对一些经典的文本进行全面的赏析，使学生对文本写作语言的精妙之处有更加直观的理解，从而逐渐提高学生的写作语言。

第二，积累写作素材。在写作活动中，素材的合理应用是十分重要的。只有合理使用素材，才能使文章的内容更加饱满。所谓写作素材，主要是指在生活中可以看见的、没有经过加工整理的、分散的原始材料。在学生写作中，使用素材时一个十分重要的问题就是要保证文章更加具有真情实感。为了达到这一目标，教师应该有意识地引导学生通过多种不同的途径进行写作素材的积累，这样不但可以使学生掌握更加丰富的写作素材，而且能够使学生对素材的应用更加熟练。

第三，强化写作练习。为了提高学生的写作质量，最直接的方式就是不断组织学生进行写作练习活动。为此，教师应不断组织学生进行不同主题和类型的写作练习。同时，还应该利用恰当的方式对其进行一定的点拨，以此来强化学生的写作效果。

在语文教学中，教师应对写作教学给予充分的重视，并且要从教学理念和教学方法上进行改进与优化。同时，教师还应该保证实施的教学策略要符合学生实际的学习水平，从而更好地保障教学活动的质量。

三 、中职语文写作教学的思维导图分析

"思维导图是一种对于学习很有效的思维模式，如果运用在学生的写作中，可以从仿写课文开始。"① 在教师进行阅读教学中，可以适当运用思维导图，绘制出整个文章的思维模式，从而更加充分地了解课文的写作特点。接下来，教师也可以让同学模仿课文思维导图绘制写作的思维导图，根据写作思维导图进行课文仿写。相较于长篇大论的文字，图形更是形象清晰的信息载体，它能够将所有的信息通过图形展现出来。思维导图是一种表达发散性思维的图形思维工具，它的最大特点就是以不同层次的图形的方式，将复杂的信息简明扼要地展现出来。

（一） 中职语文教学中思维导图须注意的问题

第一，思维导图的关键词存在随意性。思维导图相当于学生在写作过程当中的一个导向图。教师一般会要求学生按照教材当中的经典文章进行自学，但是并没有要求课本的思维导图和学生写作思维导图必须是相同的。学生应当按照自身的实际情况来进行写作的练习。

第二，防止思维导图公式化。思维导图通过放射性思维来帮助学生锻炼写作能力，这种方式不仅仅能够让学生更好地去收集信息，还能使得学生组织能力、创造能力以及思考能力都能够得到提升。在写作的过程当中运用思维导图的方式，虽然在一定程度上模仿课文（也仅仅是模仿课文的结构以及方式），但是主要内容还是应当学生自己进行创作并表达，因此就应当避免思维导图公式化，不能为了绘图而绘图。

---

① 张颖松 . 思维导图在中职语文写作教学中的运用分析 ［J］. 职业，2018（2）：114.

（二）中职语文写作教学思维导图的具体运用

1. 运用思维导图寻找素材，确定立意

在学生根据题意分析出多个立意之后，教师可以进行指导，让其想出最佳立意，然后根据立意找素材。这时选择写哪一个立意，就可以根据他所用的素材来写，哪一个立意的素材更多、更典型，就写哪一个，这样文章写出来的丰富度和深度就能更高。同时，题目也会变得更加具体，写作的范围、立意的角度、文章的形式体裁就基本能具体化，最终就能定下来。例如，写一篇题材关于"冷和热"的作文，刚拿到这个题目时，很多同学可能是一头雾水，不知道从何下手。这时候，教师就可以利用思维导图，将"冷"和"热"这两个对立的矛盾体背后所代表的意义和人生态度写出来，教师在带领同学们审题时，可以让同学们尽量发散思维，多多挖掘能代表两种态度的比较新颖的素材，这样立意就会逐渐清晰。同学们这时可以根据素材的新颖度以及对素材编辑的简易度，选择合适的内容来进行写作。

2. 通过思维导图打破思维惯性，发散思路

题材中给出的材料无论是短语还是图画以及词语，我们都要通过自己的理解对它进行解读，从而将它转换成自己的东西，这是写作文的最开始的步骤。理解这个题材的概念之后，如果只是从概念本身出发，这篇文章可能就没有太出彩的部分了，学生也不会对其感兴趣。

总而言之，写作文就像盖房子一样，打好地基是非常关键的一步。而想要更好地完成这一步，思维导图应该是非常实用的学习工具，它可以让学生对题材进行发散性思考，并且将自己所掌握的语文知识更加充分地展示出来，而思维导图中的每一层，都可以将写作中需要用到的观点一步步深化和明晰化。可见，思维导图给中职语文写作带来了新的方向和灵感。同时，这种方法在中职语文写作教学中，更加适合中职学生，因为他们对于思维的主动发散还存在一些困难，思维导图能很好地帮助他们发散思维。

第三节 中职语文口语交际教学

"在中职语文口语交际过程中，教师应该改变传统的教学模式，通过开展多样化的教学模式，激发学生的学习兴趣，促进中职学生语文口语交际能力的提升。"①

---

①康有琴. 中职语文口语交际教学分析［J］. 新课程·下旬，2016（7）：148.

一、创设口语交际的气氛

在传统的语文教学课堂上，教师都是自顾自地讲课，根据语文教材按部就班地讲课，学生被动地听课、记笔记。这样的课堂教师具有"权威性"，学生几乎没有表达的机会，教师讲课的时候也不顾及学生的感受，只重视讲课的进度，而学生对语文知识的掌握程度也不关心，学生对于知识的掌握和吸收程度也不了解。同时，在这样死气沉沉的课堂中，学生没有发言权。对教师有一种畏惧感，课堂上只是跟着教师的脚步走。对于一些自控能力比较强的学生而言，他们还能够跟着教师机械性地记忆；而对于那些自控能力较差的学生而言，面对这样枯燥无味的语文课堂学习兴趣欠缺，在课堂上聊天、睡觉。为了避免这样教学情况的重复出现，教师应该改变传统的语文教学模式，通过多样化的教学模式活跃课堂气氛，调动学生的语文学习热情，让学生能够在语文课堂上积极踊跃地发言。在此过程中，教师应该为学生多创造一些开口说话的机会，增加学生和学生之间、教师和学生之间的交流，为学生提供一个浓郁的语文口语课堂。

二、创新口语教学的方法

在中职语文口语教学过程中，教师不但要让学生听懂教师讲课，还应该让学生掌握语文口语交际教学的技巧和方法，从而提高学生的口语交际能力。在传统的语文口语教学过程中，绝大多数教师都采用填鸭式的教学模式，而传统的教学模式已经难以适应现代化的教学模式。因此，教学改革迫在眉睫。面对这样的教学现状，教师应该在口语交际课堂上开展多样化的教学模式，大力采用朗诵、模仿演讲等教学形式进行教学，从而培养学生的语文口语交际能力，激发学生的语文学习兴趣。例如，在学习完《雷雨》这篇文章的时候，教师可以一起组织安排学生开展话剧表演活动，首先学生应该进行分组，然后挑选自己适合的角色，通过不同的语言形式将人物形象塑造出来。通过这样的表演不但能够让学生做到活学活用，还能够训练学生的语文口语交际能力。又如，在学习《应聘》的时候，教师应该安排学生开展情境教学，教师可以选择一部分学生扮演应聘者的角色，选择一部分学生扮演面试官，模仿应聘的情境。当面试结束之后，面试官应该对应聘者进行评价、对于应聘者的口语能力进行评说，指出其中的优点和不足。通过这样的模拟教学，不但能够为学生营造一个活跃宽松的学习氛围，还能提高中职学生的语文口语交际能力，促进学生创新能力的培养。

三、做好学生口语的评价

在传统的语文口语教学过程中，教师都是根据学生的学习成绩进行评价，这样的教学评价过于表面，很难使学生的语文口语能力得到提高。随着社会的飞速发展，社会对人才的要求也越来越高，为了使学生在未来的社会中更好地生活和工作，有自己的一席之地，教师应该改变传统的教学模式，通过开展全方位多样化的教学评价提高学生的语文口语交际水平，从而促进学生综合能力的发展。因此，在语文课堂上，教师应该构建一个健全的教学评价机制，在评价过程中还要将学生的口语交际能力纳入评价的范围，让学生认识到口语交际对学生的重要性，从而对学生进行全面的评价。在评价的时候，教师还应该让学生积极地参与到课堂中，除了教师对学生进行评价之外，还可以让学生对学生进行评价，学生之间经常接触能够更加全面地对彼此进行评价。通过这样的评价，教师对学生的了解会更加充分。在以后的教学过程中，教师也能够做到因材施教，从而提高学生的口语交际能力，提升学生的综合素质。

总而言之，在中职语文教学过程中，教师应该重视学生口语交际能力的培养，通过一系列创新的教学模式充分挖掘学生的学习积极性，通过教学改革培养学生的创新意识，同时，教师还应该运用多样化的评价机制，提高学生的语文口语交际能力，还能提升学生的综合素质，从而促进学生的全面发展。

第四节　中职语文导学探究教学

导学，分为导和学两部分，相互联系、缺一不可。导学，以学生为主体，教师为主导，实际凸显了教师服务学生学习的特点。导学方法包括目标导学、问题导学、案例导学、情境导学等。探究又称发现、研究，探究式教学是指学生在学习时，让学生自己通过阅读、观察、思考、讨论等途径去探究发现原理和结论的一种方法。它的指导思想是在教师的指导下，以学生为主体，让学生自觉主动分析问题和解决问题，在探究的过程中总结规律，形成自己的结论。

导学探究教学是一种师生互动合作的新型教学方法。导学探究教学基于"以教师为主导，以学生为主体"的理念，关注学生学习的过程，主要以导学探究的形式展开，它重视学生在"自主学习合作探究"的过程中的感悟、体验与合作的过程及学生在活动过程中对知识体系的自主建构。

中职语文的导学探究教学体现了学生自主学习与自主发展的教学新理念，适应教师主导、学生主体的新型教学结构的要求，实现语文课堂的从知识教育向素质教育的转变，具有重要意义。

一、中职语文导学探究教学的意义

第一，体现了学生自主学习和自主探究的教学新理念。中职学生自主学习能力很差，接受知识比较被动，故学生自主学习和自主探究需要教师的科学指导与合理安排。语文的导学探究教学法的实施，为学生的"学"提供了"导"，这就在一定程度上避免了他们"独学而无导"的盲目性，提高了学生自主学习与自主探究的效率。导学探究结合的模式，为他们正确掌握自主学习、自主探究的方法提供了一种可能性。

第二，适应教师主导、学生主体的新型教学结构的要求。中等职业教育教师把课堂还给学生，传统的教学方法很难再适应当代的语文教育的发展。而教师主导、学生主体的新型教学结构则要求学生借助一定的方法和手段，形成自主学习和自主探究的能力。学生发挥自身的主体性作用，对于教师的教学，能够自主质疑、自主探究形成良好的问题意识。同时，还能够通过小组合作导学，共同探究、寻找方法、互助"解惑"。

第三，将教学的重心从知识教育向素质教育转变。将知识转化为能力，这是一个颇有难度的问题。知识和能力虽有所区别，却相互交融。中职语文导学探究教学也是如此，知识的积累形成能力，能力的拓展获得更广的知识，为学生的自主学习、合作探究提供了一种可能性，正是这种可能性进一步促进了语文教学的重心的转移，即从知识教育向素质教育转变。

根据语文课堂教学的要求，在语文课堂教学中，应设有相对稳定的基本思路框架，或称是基本课堂组织结构。教师在中职语文教学活动中，抓住这个基本结构，科学有效组织语文课堂。学生则通过这一基本结构，实现他们自身的语文知识的获得和语文能力的培养。建构主义的学习原理告诉我们，在一定的教学思想和教学理论的指导下，构建较为稳定的语文教学活动结构框架和活动程序方法，对于优化教学过程，提高教学质量有重要意义。

二 、中职语文导学探究教学的特性

中职语文导学探究教学要求教师根据教学内容和学生的认知规律，充分利用教学资源，通过设置情境、布置任务等方法，积极引导学生主动探究语文知识规律，按照导学、探究、合作等流程有步骤地开展语文教学活动。导学探究教学特性主要体现在以下四个方面：

第一，主体性。主要是指在教师有目的、有计划、有步骤地指导和引导下，学生主动地参与教学活动，自主地探究知识、发现问题、解决问题。在这一过程中，对作为实施主体的教师的要求是要尊重学生的主体地位，因材施教，从学生的原有知识水平、学习特点和实际需要出发，确定教学内容、教学方法，以及教学目标实现的程度。要把教师的教转化为学生的学，要使学生张扬个性，积极主动地掌握学科的基础知识和基本技能，发展智力，养成良好的学习习惯，使其意志、品质、情感和行为能力得以发展。

第二，实践性。探究性学习是以学生为主体，以实践活动为主线展开教学过程的。以导学探究为课型的课堂中，学生借助于一定的手段，参与到实践活动之中，做、学、思一体，实践活动贯穿于学习活动的始终，突出学习活动的实践性和具体性。例如，在"应用文写作"《会议通知》一节的教学中，以具体的会议实务为背景，解决会议文书的拟写中的问题，完成文书的拟写活动。

第三，过程性。探究性学习是一个由易到难、循序渐进的过程，也是让学生经历一个完整的知识的发现、形成、应用和拓展的过程。其目的是逐渐培养学生发现问题、解决问题、再创知识、创新开发的能力与学习习惯。

第四，驱动性。以任务驱动的方式组织教学活动，充分发挥教师的引领作用和导向作用。例如，在《永远的蝴蝶》一课的教学中，布置前置学习任务，让学生通过品读、思考、讨论，探索作者的情感脉络。学生带着学习的任务，通过自主学习、分组合作、探究交流等方式，完成学习的任务。

三 、中职语文导学探究教学的策略

以导学探究为载体，从教学方式和方法的转变入手，进行导学探究教学模式的建构和实践探索，具体策略如下：

（一）课前的准备策略

第一，深入挖掘教材。教师是教材的使用者和整合者。因此，教师一定要站在课程纲要与学科课程标准的高度，研究教材、研究教法。只有深入挖掘教材资源，充分领会教材的总体要求和结构，才能科学地制订学期教学计划，把握各单元、各单课的教学目标。

第二，集体备课编制教案。通过教研组集体备课，共同研讨教学目标、教学策略、教学方法，具体讨论引领学生的任务设计、课堂教学问题设计、课堂探究策略设计等内容。全组老师在初稿上认真记录、修改、完善意见，并形成自己的个案。

第三，精心进行个人备课。精心进行个人备课是教师成长的必由之路。教师只有准确地把握、挖掘、执行课程标准，科学设计教案，认真备课，才能熟悉教学内容，实现目标和问题的衔接，创设有效的、精彩的课堂教学。

（二）课中的实施策略

以课堂为阵地，精讲、勤练，因势利导，突破教学的重难点和易混淆的内容，具体如下：

第一，从教学内容出发，设置恰当的情境。在情境中明确问题的主次和衔接，提高问题设置的合理性，使问题环环相扣、相辅相成。

第二，创造机会，让学生广泛收集和整理资料，在亲身的实践中体悟语文的规律，提高学生的实践能力。

第三，及时把握学生的学习状态和成效，适时调整学习进度、难易度及教学方法。

第四，精讲精析，提高讲授的效能。教师在授课过程中，对学生遇到的难点、疑点、混淆点及课程的重点详细讲解；对学生业已习得的知识、自己能够理解的知识、超过学生认知水平的知识不进行讲解。

第五，教法有效，以适宜学情的手段和策略实现教学目标。

第六，增强师生、生生间的交流，提高交流的实效性。教师根据课堂具体情况合理调配时间安排和探究方式，确保学生自主学习、合作的时间和参与度及平等性。

第七，进行积极的评价，及时肯定学生主动意识、进取精神、协作关系、学习成效等，激发学生学习兴趣，保持学生的关注度。

第八，及时捕捉信息，掌握学生完成任务情况，准确把握教学目标实现度。

（三）课后的教学策略

第一，在授课的尾段，教师进行简单的小结，设置待考究的问题，促使学生去思考和尝试解决问题，将知识延展到课外。

第二，每一节课后，教师都要对下一节课的自学内容提出明确的要求，明确完成时间、内容，分层布置作业，督促小组长收齐并及时上交。

第三，课后教师进行积极的反思，发现优点，更正不足，进一步优化教学方法，完善教学设计。

四、中职语文导学探究教学的建模

（一）中职语文导学探究教学建模的依据

教学建模与教学理论流派具有渊源关系，任何教学建模都是在一定的教学理论指导下形成的。没有教学理论做指导，就不可能有相应的教学模式的建立。教学模式是构成课程和作业、选择教材、提示教师活动的一种范式或计划，是在教学思想和教学原理的指导下，围绕某一主题，为实现教学目标而形成的相对稳定的规范化教学程序和操作体系。其实质是人们在实践状态下，系统而综合地组合教学过程的诸因素，整体地操作教学活动的一种相对稳定的形式。

导学探究教学模式是以学生自主学习、合作探究为主要形式，以激励学生认真学习、主动创造探究为基本特征，以促进学生认知、情感、个性等素质全面和谐发展为目标的一种新型的语文教学模式。

（二）中职语文导学探究教学建模的特征

中职语文导学探究教学模式具有以下特征：

第一，完整性特征。完整的教学模式应包括教学背景、教学意义、教学策略、教学程序、教学评价等要素。教学模式是教学实践和教学理论构想的统一，所以它有着完整的结构和一系列的实践要求，体现着理论上和过程上的统一。

第二，指向性特征。教学模式指向性是在一定的条件下，围绕一定的教学内容，设定明确的教学目标，达到一定有效教学效果。因此，教学过程中在选择教学模式时必须注意不同教学模式的特点和性能，注意教学模式具有指向性，不具有普遍性。

第三，操作性特征。把复杂的教学思想、抽象的理论用一种较为具体、形象的形式呈现出来，为教师开展教学提供一个简便易行的教学行为框架，便于教师在具体教学实践中理解、把握和运用。

第四，灵活性特征。教学模式不是一成不变的，在具体教学过程当中，随着学科性质、教学内容、教学条件、师生情况的不同及社会的发展变化，需要不断地进行调整和优化，以便更好地满足教学需要。

建模理念认为没有主体性，就没有创造性。在导学探究过程中，落实学生的主体地位必须做到目标让学生去确定、问题让学生去发现、过程让学生去探索、方法让学生去寻找。

（三）中职语文导学探究教学建模的结构

导学探究教学建模就是一个具备以上特征的好模式，它的基本结构由以下环节构成：

1. 目标导学，激发兴趣

目标导学是指教师要按照教学大纲要求，根据教材和不同班级不同学生的不同情况设计学习目标，在课前向全体学生明确"教"和"学"的目标，让学生真正明确学哪些内容、如何学、达到怎样的目标。为了有效地构建课堂，必须先激发起学生的动机和兴趣。因而课堂的导入要生动有趣，激发学生的参与、激活他们的思想、调动他们的学习热情，为课堂的顺利进行做好准备。

2. 自主探究，合作解疑

自主包括强烈的求知欲望和好学精神，也包括明确的学习目标和积极主动的学习态度。所谓"自主探究"，是指学生自己充分利用课余时间提前完成老师布置的任务，熟悉文本知识，广泛收集资料，自主探究发现问题，自主解决问题，让学生在亲身的实践中体悟语文的规律，提高学生的实践能力。在探索研究的过程中要保持学生探究过程中的积极性，教师应充分估计学生可能遇到的问题，并适当给予指导。在大方向把握好的前提下，鼓励学生大胆放手去交流、探究，并且让学生明白探究发现不能够自主解决的问题，并积极进行小组合作探究、合作解疑。

3. 共同探究、突破难点

共同探究是指师生对课上遇到的难点、疑点、混淆点进行共同探究，突破难点。开展探究活动，增强师生、生生间的交流，提高交流的实效性。共同探究，突破难点的形式是多样的，如《展示主持风采》这一实践活动中，学生既缺乏主持的相关技能，又没有真正的主持实践经验，基于学生的这个实际情况，在特设的情境中进行语言实践，把学当主持人定为这一活动的难点。为了突破这一教学难点，采用了场景任务驱动法，小组合作探究法，通过小组展示评比来突破难点。共同探究这一教学环节，教师要根据学生的表现进行积极的评价，对生成性问题和重点疑难问题进行启发、引申、拓展、追问，对知识进行深化和提升。教师及时肯定学生主动意识、进取精神、协作关系、学习成效等，保持对学生的关注度，适时进行点拨，点重点、点规律，点方法、把握落实教学目标。

4. 分析总结，拓展延伸

教师组织学生认真分析总结当堂学习内容，构建清晰的课堂脉络，结合课堂内容进行布置作业，拓展延伸学习内容。

综上所述，"目标导学激发兴趣—自主探究合作解疑—共同探究突破难点—分析总结拓展延伸"是导学探究教学的一般教学模式。在具体的语文教学活动中，由于教学内容不同，授课文体不同，教学侧重点不同，就把一般的教学模式具体化，形成特殊的教学模式。因此，语文导学探究教学模式从阅读教学、写作教学、口语教学、综合实践活动教学四个方面进行建模。

（四）中职语文导学探究教学建模的注意事项

语文导学探究教学建模在实施过程中要注意以下问题：

第一，合理分配时间，发挥学生的主体作用。有效的课堂必须合理地分配时间，在导学探究教学模式下，教师应该把时间还给学生，让学生成为主人。教师应该"以学定教"，把课堂还给学生，引导学生去学习、去发现、去体验，留有充足的时间让学生去独立探究、合作探索、发现问题、解决问题。

第二，重视方法引导，提高学生学习效能。导学探究教学模式下，教师的引导显得尤为重要，教师的引导可以避免学生盲目地学习，提高学生的学习效能。但教师的引导要留有余地、留有空间，不能拘泥于自己的讲课习惯和方法，禁锢学生的想法、改变学生的学习方式、影响了学生的创造。

第三，培养合作意识，确保小组活动有效。导学探究教学模式下，会有很多小组合作、小组活动的形式。其小组合作主要目的是培养学生的主体意识，尤其是合作探究能力和组织交流能力。但在课堂学习中，容易出现的情况是课堂热热闹闹地结束了，而知识、能力、方法等教学目标却落空了；容易出现小组讨论要么频繁进行但无深度探究，要么用时极短无法充分展开。导学探究教学模式不是以追求形式的变革为目的，而是看学生在小组活动过程中是否在积极主动地学，学会了哪些内容，是否将课堂学习的知识、能力、方法迁移到以后的学习、生活、工作中去。为了保证小组活动有效进行，教师应通过多种形式了解学生实现目标的情况，参与学生的探究过程，及时调整方法和内容。

第四，有效调动课堂，促进学生能力提升。语文课教学应依据学情，着眼效率，有效调动课堂教学。教师要做到课堂教学能有效调控，张弛有度，做到能情趣诱导入境悟神、难点疏导自主建构、资源引导生成拓展，促进学生综合能力的提升。此外，教师应侧重在学习方法的相机引导、侧重学生学习习惯的渐次养成、侧重知识及技能的有效迁移，不断地学习和不断变革，更加适合学生能力的发展。

第三章　中职语文教学的创新思维

第一节　中职语文教学思维的方法

语文学科在长期的发展过程中，形成了一整套思维的基本方法，掌握这些方法是形成语文思维能力的基础。常见的语文思维方法有分析与综合、比较与分类、抽象与概括、联想与想象等。

一、分析与综合法

分析是把整体在思维中分解成为不同的组成部分，进而分别考察研究不同部分之间的关系，研究它们在整体中的地位和发展变化，从而揭示事物的本质属性的方法。对事物的分析可以是多方面的，既可以从结构、种类、特点来分析，也可以从性质和功能来分析。在具体的情境中，应根据事物的具体情况和需要，恰当地选择分析的角度。从思维的角度来看，可以从整体到局部进行分析，这种思维方法能通过以下步骤来实现：首先，将整体分解成各部分；其次，分析各部分间的相互作用和联系，研究它们各自的地位和作用以及与其他部分发生相互作用的规律性。

在分析的基础上，综合是把研究对象的不同部分重新结合为一个整体，以把握事物的本质和规律的方法。从思维的角度来看，综合具有以下特点：

第一，以科学分析为基础。只有在厘清事物的组成部分及相互关系、主要矛盾、次要矛盾、矛盾的主要方面和次要方面的基础上，才能在整体上把握研究对象的本质规律。

第二，从局部到整体。此时的整体已不是原先对事物的一种笼统的认识，而是一种理清事物内部组成、相互关系和本质属性的整体。分析与综合是一种常见的语文思维方法，具有辩证统一的关系，它们既有区别，又有联系，不可分割。首先，分析是从整体到局部、从统一到分离的思维方法，综合与之相反；其次，分析是综合的基础，综合必须根据分析。

第三，分析离不开综合。认识过程总是沿着"分析—综合—分析"的轨迹不断前进和深入的。例如，在语文阅读和写作过程中，需要利用分析和综合来理清文章结构，把握文章思路。文章的结构是指文章段落内部和段落之间的相互关系。分析文章的结构，就是通过分析文章各部分之间的相互关系，并且进行合理的归纳整理的过程。分析文章的结构时，要根据文章的线索与材料的安排，弄清文章的开头结尾，划分段落层次，理清过渡和照应等问题。由于文章结构和作者的写作思路是息息相关的，所以，人们往往通过分析与综合的思维方法来把握文章的思路。

二、比较与分类法

比较是明确事物之间异同点的思维方法。其过程是先对观察对象进行分析，分析观察对象各方面的特征，再将观察对象按其特征进行对比，得出哪些方面具有相同点，哪些方面具有不同点，从而鉴别观察对象的异同。在语文教学中，可以通过比较，找出表面上差异很大的事物之间的相同点，或表面上极为相似的事物之间的不同点。中职学生在语文学习中的比较可分为三类：一是类似比较，即比较两个或两个以上对象的相同点；二是差异比较，即比较两个或两个以上对象的不同点；三是系统比较，即全面比较两个或两个以上对象的相同点和不同点。

分类是在比较的基础上，根据研究对象的异同点，把事物分门别类的思维方法。在中学语文学习中，大量的事物之间存在着各种各样的相同点和不同点。因此，我们常常根据研究对象和学习目的，按照统一标准，将研究对象划分为某一类。语文学习中的分类必须遵循以下原则：一是必须制定统一的标准，二是要能反映事物的层次。

三、抽象与概括法

抽象是指通过思维把某一事物的本质属性或特征从众多属性或特征中抽取出来的思维活动。通过抽象，可以使人的认识从感性阶段上升到理性阶段。抽象的思维特点体现在：要根据研究对象和问题的特点，在对事物进行分析比较的基础上，撇开问题中个别的、非本质的因素，抽取出主要的、本质的因素。概括是在抽象的基础上，将事物一般的、共同的属性或特征结合起来，或者把个别事物的本质属性或特征推广为同类事物的本质属性或特征的思维活动。两者是人们形成或掌握概念的前提。概括作为其他思维品质的基础，影响着思维活动的深度、广度和灵活程度等各个方面。概括可以帮助学生进行逻辑推理，培养学生思维的深刻性和批判性；概括可以帮助学生进行灵活的迁移，培养学生思维的灵活性和创造性；通过概括的"缩减"形式，也可以培养学生思维的敏捷性。语文学习离不开概括能力，学生的概括能力越强，其知识系统越完善，知识迁移的能力就越强。

在语文教学中，抽象与概括是一种重要的培养学生迁移能力的方法。从中职语文课本中可以找到许多培养学生抽象、概括能力的材料：学习小说时，可以通过培养学生对小说人物的肖像、心理、语言、行为及环境等描写的具体分析，概括出人物的性格特征、思想变化及人物形象，培养学生的抽象与概括能力；学习杂文时，可以通过学生对文章表层语言的分析，进一步揭示其深层含义。另外，抽象与概括也是一种有效的学习文言文的思维方法。

四、联想与想象法

所谓联想，就是因某人或者某物而想起与之相关的事物相似联想，是由与某事物或现象相似的其他事物或现象中产生新设想的思维活动；接近联想是因事物之间彼此接近进而产生新设想的思维活动；对比联想是指对于性质或特点相反的事物产生新设想的思维活动；因果联想指对有因果关系的事物产生新设想的思维活动。

想象是人脑对已有表象进行加工、改造而创造新形象的过程。根据想象的目的性可把它分为无意想象和有意想象。无意想象是一种没有目的性的，不需要任何意志努力的一种想象；有意想象是一种有目的性、自觉性和组织性的一种想象。根据创造程度的不同，想象可以分为再造想象和创造想象。

语文想象活动中的认知加工方式有：比拟（把无关的两个或两个以上的客观事物的属性或特征结合起来构成新形象的过程）、夸张（增大或缩小客观事物的正常属性或特征，并使之变形）、拟人（对客观事物赋予人的形象或特征，从而产生新形象的思维活动）。

第二节　中职语文教学思维的品质

思维能力是智力和能力的核心。思维品质反映了个体思维能力的强弱，是判断一个人的智力层次（即正常、超常或低下）的主要标志。语文教学思维品质是人们在语文学习和实践过程中逐渐形成、发展并表现出来的，能直接影响工作效率的个体智力特征，包括思维的深刻性、灵活性、敏捷性、批判性和独创性五个方面。

一、中职语文教学思维的深刻性

语文思维的深刻性是指思维的抽象逻辑性，反映了语文思维的抽象程度和逻辑水平，体现了思维活动的广度、深度和难度，它表现在学习者善于深入地、逻辑清晰地思考问题，能抓住问题的本质和规律；善于开展系统而全面的语文思维活动；善于在整体上用联系的观点认识事物，掌握语文知识。

在阅读过程中，教师要培养学生能全面、准确地理解所读的内容，概括文章主旨，把握作者意图的能力；要培养学生善于深入思考，从中发现规律和本质的能力；要培养学生善于比较不同时代、不同文体、不同作者的作品的阅读规律的能力。在写作过程中，学习者要能够透过现象观察事物的本质；文章立意要有深度，要能够抓住自己所要表达的事物的中心，并用准确、简练、生动的语言进行表达。

二、中职语文教学思维的灵活性

语文思维的灵活性①是以深刻性为基础的，灵活性具有四个显著特点：一是思维方向灵活。语文教师要培养学生善于从不同角度和方面思考问题，用不同的知识和方法正确地解决问题的能力。二是思维过程灵活。语文教师要培养学生善于分析与综合并灵活转换的能力。三是迁移能力强。学习者要对语文知识和语文方法能够有效地进行正迁移。四是思维结果灵活。

在阅读过程中，教师要培养学生善于使用多种阅读方法，从不同的角度、方向思考所读的内容，并得出多种合理而灵活的结论的能力；要培养学生善于将不同的阅读内容联系起来的能力；善于将以前学过的知识和方法灵活地进行迁移的能力。在写作过程中，教师要培养学生善于从不同的角度观察事物的能力；培养学生善于从不同的角度和方面进行选材的能力；培养学生善于采用灵活的表达方式和修辞手法的能力；培养学生可以用同一题材表达不同的观点、同一观点使用不同的题材的能力。

三、中职语文教学思维的批判性

思维批判性②具有五个主要特点：第一，分析性，即不断地分析解决问题所需的条件，并反复验证所拟定的假设和方案；第二，策略性，即在头脑中形成解决问题相应的策略、方法、步骤或手段，并在实践中进行检验；第三，全面性，即善于客观地分析正反两方面的依据，坚持正确的方案，及时修改错误的部分；第四，独立性，即善于独立思考问题，拥有自己独特的观点，不盲目附和；第五，正确性，即通过缜密的思维活动，实事求是地分析问题，使得结论具有正确性。

四、中职语文教学思维的敏捷性

语文思维的敏捷性是指思维过程的迅速程度，思维的速度和正确性是思维敏捷性两个重要的指标。中职学生语文思维的敏捷性是指在学习语文知识时，学生能够快速、准确地掌握

---

①语文思维的灵活性是指语文思维活动的灵活程度，指思维能够根据客观情况的变化而变化。
②语文思维的批判性是指学生对于自己思维过程的一种自我反省、自我调节和自我修正的智力品质。

所学内容，并在头脑中内化；在运用语文知识解决问题时，学生能够迅速、准确地利用原有的认知结构，找出问题的关键，运用恰当的知识和方法，最终正确地解决问题的思维品质。

培养学生的思维品质的敏捷性是中职语文教师的教学目标之一。例如，在阅读教学中，教师要帮助学生掌握速读、跳读、泛读等阅读方法；帮助学生迅速捕捉所读文章的主要观点，寻找自己所需要的主要材料。在写作教学中，要培养学生善于观察，将观察到的材料变成写作素材；要培养学生在较短的时间内根据要求写出不同文体的作文。

五、中职语文教学思维的独创性

语文思维的独创性即思维的创造性，它表现为善于独立思考，善于创造性地发现问题和解决问题。独创性品质有三个特点：一是独特性，学生要有自己独特的思维方式；二是新颖性，学生要乐于采用新的思维方法进行思考，这是独创性最重要的标志；三是发散性，学生要善于在广阔的领域内独立思考问题。例如，在阅读过程中，学生要能够根据自己的需要和现实水平，选择适当的阅读内容和阅读方法；在阅读中要善于联想、比较和鉴别，要有个人独特的见解，从中获得美的享受；要能够创造性运用各种阅读方法，形成自己的观点。在写作过程中，要培养学生形成新颖的观察事物的角度；选择新颖的写作题材；培养学生准确表达自己想法的能力，并逐步形成个人写作风格。

需要注意的是，语文思维品质的深刻性、灵活性、批判性、敏捷性和独创性，是完整的思维品质的组成因素，它们之间是相互联系、密不可分的。其中，思维的深刻性是一切品质的基础。思维的灵活性和独创性具有交叉的关系，灵活性富有广度与顺应性，独创性则具有深度和新颖性，两者互相影响。思维的批判性是以深刻性为基础发展起来的，只有通过深刻的认识和周密的思考，才能对事物进行准确的判断和调节；同时，只有不断地进行自我批判，才能更深刻地认识事物的本质和规律。思维的敏捷性是其他的思维品质的具体表现。

第三节　中职语文课堂教学与创造性思维

一、培养创造性思维能力

（一）语文学科性质、语言与思维的关系

语文学科既是基础工具学科，又是思维学科。语言是交际的工具，人们通过语言交流思想、传递信息。在未来信息时代中，信息的交流更加频繁，作为交际载体的语言会更加

丰富多彩。语文学科的任务之一，就是要使学生能够正确理解和运用祖国的语言文字，为学生继续学习和工作打下基础。语文学科是基础工具学科，早已得到大家的公认。语文学科又是思维学科，也越来越引起从事语文教学的教师的重视。

语言是人类最重要的交际工具，它同思维有密切的联系，是思维的工具，是思想的直接现实，是思维的"物质外壳"，语言和思维是不可分的。更准确地说，内部语言是思维活动的"物质外壳"。内部语言，就是和逻辑思维、独立思考、自觉行为有更多联系的一种高级的言语形态，它的主要特点有三个方面：第一，不出声，或语音的发音是隐蔽的；第二，以自己的思想活动作为思考对象，先想后说或先想后做；第三，"简化"。内部语言是外部语言中的一些片段。内部语言与外部语言相比，在同时思考与表达一个问题时，前者的速度比后者快得多。内部语言不仅是逻辑思维和独立思考的特质基础，而且是思维发展水平的标志。内部语言的发展是和口头语言、书面语言的发展相辅相成的，而思维活动不仅借助内部语言，同时也要借助外部语言实现，由此可见思维与语言的密切关系。

（二）思维和创造性思维活动

思维是人脑对客观现实的概括的、间接的反映。概括的反映，是指思想能够反映事物的本质，能够反映事物间的本质联系和规律。所谓间接的反映，是指思维总是通过某种媒介来反映客观事物的。由于思维的概括性和间接性，人通过思维，可以认识那些没有直接作用于人脑的种种事物，也可以预见事物的发展变化。人借助思维，能从个别中看到一般，从现象中看到本质，从现实中推测过去，预见未来。

创造性思维是以解决科学或艺术研究中所提出的疑难问题为前提，用独特新颖的思维方法，创造出有社会价值的新观点、新理论、新知识、新方法等的心理过程。创造性思维往往与创造活动联系在一起。创造性思维的特征是思维的新颖性、独特性，发散性思维在创造性思维中占主导地位。学生在学习中的"发现"，或有创见地解决学习中的问题，也可称为创造性思维。

根据思维在解决问题时探索方向的不同，可将其分为集中思维和发散思维两种类型。所谓集中思维（又称聚合思维、求同思维）是指根据已有信息向着某一方向的思考，力图得出一个符合逻辑的正确答案的一种有方向、有范围、有条理的收敛性思维方式。所谓发散思维（又称辐散思维、求异思维）是根据已有信息，从不同角度，向不同方向思考，从多方面寻求多样性答案的一种展开性思维方式。

集中性思维强调主体找到问题的"正确答案"，强调思维活动中的记忆的作用；发散性思维强调主体去主动寻找问题的"一解"之外的答案，强调思维活动的灵活和知识的迁移。集中性思维与发散思维是思维过程中互相促进、彼此沟通、互为前提、相互转化的辩证统一的两个方面。集中性思维是发散性思维的基础，发散性思维又是集中性思维的发展。集中性思维和发散性思维都是人类的思维的重要形式，都是创造性思维不可少的前提，二者都有新颖性。

创造性思维活动一般是按集中—发散—集中的顺序进行的。集中为发散提供了起点和归宿，发散又为实现创造（集中）提供了基础。发散性思维是创造性思维的主导成分，但必须与集中性思维有机结合，方能有高水平的创造性思维产生。

创造性思维包含有两种类型：一是重新安排已有的知识，创造出新的经验形象，或对已有知识从新角度去观察分析，也是一种重新安排已有知识的创造性思维活动。重新组合已有知识或从新的角度对已有知识重新观察分析，都能导致新的"发现"，提出对问题带有新颖性、独特性的见解，这是低层次的创造性思维活动，是每个普通人都具有的创造潜能。二是在科学上的重大发现，在技术上的重大发明创造，提出前人没有发现过的新见解、新理论，这是科学家、发明家等人的创造性思维活动。我们对青少年的创造性思维的培养与训练，是指低层次的创造性思维活动。

发散性思维是创造性思维的重要主导成分，是测定创造力的重要指标之一。发散性思维具有流畅性、变通性、独特性三个特征。思维的流畅性，是指产生大量意念的能力，即反应迅速而众多，思维畅通无阻、灵敏迅速，能在短时间内表达较多的概念。只要不离开问题，发散量越大越好，这是发散性思维的指标。流畅性可分为四种：①词语流畅性，指产生词语，满足语言特殊构造所要求的能力。②观念流畅性，指在自由的情境下，产生所需要观念的能力。③联想流畅性，即列举事物的属性以适应特殊情况的能力。④表现流畅性，指产生连贯性论述的能力。思维的变通性，是指思考能随机应变、变化多端、触类旁通、举一反三，不局限于某一方面，不受消极定式的桎梏，能提出不同凡俗的新观念。思维的独特性，是指用前所未有的新角度、新观点去认识事物，对事物表现出超乎寻常的独特见解，具有新颖性的成分，它代表着发散性思维的本质。

（三）创造性思维和语文教学

语文教学在培养学生创造性思维上，有着得天独厚的优越条件。语文知识是创造性思维的产物，是智慧的结晶，本身就具有智力与创造性的价值，而且语文知识是发展学生创造性思维与智能的基础。有了语文这个基础工具，才能真正将学生学习中的创造性思维能力充分发挥出来。语言既是一种社会现象，又是一种复杂的心理现象，以听读说写教学为例，学生听话须独立思考，进行心理交流，方能很好感知说者的思想观点，并由此迸发出创造性的思考。阅读与写作则须借助联想与想象，同作者与写作的对象进行"心理位置互换"，才能更好地再现生活图景与表达真情实感，触发新的联想与创造性构思。

汉语历史悠久、源远流长，语言现象纷繁复杂、千变万化。学习语言，有一定的规律可循，其中一条规律就是语言训练必须和思维训练相结合。如对语言的理解，在理解中有变通，在变通中有发散，在发散中又有变通。只有这样，思路才会畅通，才会进行创造性思考。同时，语言同心理过程中的感知、想象、思维、记忆，与心理意向过程中的兴趣、动机、感情、意志都有密切联系。无论对语言的理解与摄取，或运用与表达，都要从开发学生的创造性思维的心理出发，发掘其潜在的智能，才能在学习语文中有新的发现与创造。

所以语文教学最根本的问题是，在教给学生语文基础知识的同时，充分发挥语文学科又是思维学科的特点，对学生进行创造性思维的培养与训练。我们应充分利用这一有利条件，通过语文教学，培养学生的创造性思维。

二、创设良好的思维环境

（一）创设良好思维环境的重要性

创设良好的思维环境是培养创造性思维能力的前提。良好的思维环境会激发学生的认知兴趣，调动学生的学习积极性。兴趣是人的一种带有趋向性的心理特征。学生如果对某种事物发生兴趣时，他就会主动、积极执着地去探索。教学过程中只有努力激发学生的认知兴趣，才能去培养强烈的创造欲望。兴趣是学生是否发挥认识的主动性和积极性的向导。因此教师应当努力激发学生兴趣，开启创造性思维的大门，酝酿良好的思维环境。

良好的思维环境可以让学生产生良好的适应心理，具有良好的心理定式。当学生释放心理负担，没有左顾右盼，没有欲言又止的心态时，他就会建立内心自由，即不受冲击、畏惧、强迫、紧张、刺激，而有坚定意志、自强不息，富有较强的洞察力、预感力和强烈的好奇心。语文课堂上教师淡雅的装束、迷人的微笑、文雅大方的举止、和蔼可亲的言谈会让学生欣赏，让学生心理放松，因为这些都可谓是创设良好的思维环境所必不可少的。

良好的思维环境还为营造融洽的师生关系打下基础。创造性思维能力的培养除了要依赖于社会历史条件外，更重要的是赖以顺利展开的各种教学条件，这里主要包括教学气氛和师生关系。良好的思维环境就是要有一个和谐的氛围和融洽的师生关系。在"以人为本"的教学理念下，先要创设一种宽容、民主的教学气氛，使每个学生都积极参与教学活动，教师不再是宣讲者、指挥者。师生之间的民主、亲密、和谐的关系，是进行创造教学、学生创造性思维能力的主要前提。语文教师力求创造这样一种氛围，学生真正在思维上解放，他们不仅把教师看成师长，更重要的是朋友，真正知识上的朋友。

（二）创设良好思维环境的遵循原则

创设良好思维环境应遵循的原则主要包括：①民主的原则，就是要"以人为本"，尊重学生，尊重学生的各种思维，让他们充分发挥"主人"的作用，做课堂的主宰者。②整体原则，面向全体，使每个学生都能在这样的教学环境中开展思维活动，提高思维能力，尤其是那些认为不如别人的学生，给每个人以思维的权力。③肯定原则，在上述原则的基础上要做到"肯定"是主导。无论学生做出怎样的答案，教师都要从不同角度给予肯定，最起码肯定学生最初的思维是积极主动、有热情的。④个性原则，让学生发挥个性特长，敢于"异想天开""突发奇想"，甚至于"想入非非"，让思维的火花绽放。

（三）创设良好思维环境的主要对策

1. 奠定好思维的基础

语文创造性思维能力的培养是在语文思维活动基础上生发的，语文思维活动是创造性思维能力培养的基础。创造性思维基础应当是相应的知识的积淀，厚重的知识基础是创造性思维能力培养的源泉。

可以组织学生建立资料库，广泛收集语文资料，积累汉语、古诗词名句、名人轶事、成语故事、阅读写作知识等方面的资料，通过晨读时间和活动课时间让学生将收集的资料加以整理。还可以组织学生搜集信息源。大量的信息储存，可以使学生开阔视野、博采众长、展开思维视角、认识社会、放眼世界、展望未来，在有限的时间和空间里，索取无尽的知识。

学生通过建立资料库和搜集信息源的方式，可以打好思维基础，从客观上为学生创立良好的思维环境做知识上的储备。

2. 构建良好学习机制

学习机制是系统过程，但就学习的动机、认知能力看，建立良好的学习机制首先应从学习动机入手。学生的动机决定他们选择怎样的策略，并决定他们使用这些策略的效果。具有外部动机的学生倾向于选择和使用机械学习的策略，具有内部动机的学生倾向于选择使用有意义的和起组织作用的策略。良好的学习动机会促发学生进行思维创造。

三 、重视学生的思维品质

思维品质是在思维活动中所表现出的个性差异，又叫作思维的智力品质。培养和发展思维品质是培养学生创造性思维能力的主要途径。

（一）学生思维品质的重要性

第一，能使学生辩证地认识、分析、解决问题。苏联的心理学家早在 20 世纪 50 年代就对思维品质的培养进行研究，认为思维发展既有共性又有个性，他们既承认思维发展的共性，又强调思维发展的个性，并且指出个性特点就是思维品质。这是从辩证唯物主义观点出发，在培养学生的思维品质中让我们看到既有普遍性存在，又有个性差异，这便是重视个性发展，敢于辨思，从而辩证地解决问题。

第二，有针对性地发展学生的思维。思维品质的发展不但有个别差异，还有年龄阶段的差异。思维品质发展中的不平衡性应该作为思维品质发展年龄特征的可变性的一个重要方面来进行有效的教学。要培养思维品质，就应该针对不同年龄阶段学生心理特点进行研究，发展和培养学生的思维品质。

第三，使心理学理论与教育有机地结合起来，提高教学效率。苏联著名的教育家赞可夫在研究儿童的思维品质时建立了关于"教学与发展"的思想。赞可夫强调在各科教学中始终注意发展学生的逻辑思维，培养学生思维的灵活性和创造性，赞可夫的主要思想就是以最好的教学效果来达到学生最理想的水平。因此赞可夫把儿童心理发展与教育教学发展紧密地联系在一起，目的是通过培养学生的思维品质达到良好的教学效果。今天我们确立培养学生思维品质目标就是将它与教学紧密结合起来，在教学实践中真正地去培养学生的思维品质，优化教学过程，提高教学效率。

（二）学生思维品质的培养内容

思维的深刻性，即抽象逻辑性。思维的深刻性集中地表现在善于深入地思考问题，抓住事物的规律和本质，预见事物的发展过程。思维的灵活性，指思维活动中智力的灵活程度，包括思维起点灵活、过程灵活、迁移能力强、善于组合。思维的独创性，是指独立思考，创造出有社会价值的具有新颖成分的智力品质。思维的敏捷性，指思维过程中的速度或迅速程度。思维品质的具体内容构成创造性思维的整体。

第四节　中职语文审美教育及其形象思维

一、中职语文的审美教育

（一）中职语文审美教育的特性

语文审美教育是以美学和审美教育理论为指导，以培养受教者的审美心理结构和审美创美能力为直接目的，以塑造全面发展的完美个性为最终指向，通过各种美的形态，特别是语文美和语文教育美所进行的一种文化型的形象化的情感教育。将中职语文审美教育视作情感教育，就把它同德育、智育区别开来。心理学认为，人的心理功能包括知、意、情三个方面。与这三个方面相应，智育主要培养人的逻辑思维能力，开发人的智能；德育主要培养人的道德意志能力，提高人的道德情操；审美教育培养人的审美情感，提高人的审美创美能力。虽然德育、智育中也包含一定的情感因素，但却不是主要的。只有审美教育才是主要培养人的美感情操。正是美育的这种独特的作用和独特领域，决定了它在全面发展的人的教育中的重要地位是其他教育不可替代的。

中职语文审美教育具有形象生动性、情感愉悦性、自由创造性、个性鲜明性以及和谐统一性。语文审美教育的形象生动性是指语文审美教育主要依靠具体可感的生动形象打动、吸引、感染受教者，以达到教育目的的特性。语文审美教育的这一特点与智育、德育有明显的不同。智育的主要目的是使受教者提高智能，掌握科学文化知识，它主要运用概念、判断、推理、论证等，偏重抽象概括，以抽象思维为特点；德育主要传播政治思想、伦理道德观念，在有效的约束中，使人树立科学的世界观，遵守正确的道德行为规范，它偏重理性说教，带有较强的约束性。无可否认，智育、德育也可借助形象的手段来达到智育、德育的目的，但在智育、德育中，形象只是辅助手段，没有形象，智育、德育仍可施行，而在语文审美教育中，生动的美的形象则是主要的审美媒介，通过它，中职语文审美教育才能很好地发挥效用。这里既有进入语文课文范围内的五光十色、多姿多彩的审美形态和审美范畴，也有语文独有的语文美。如汉语言的音乐美，汉字的形象美、意旨美，文章的结构美、意蕴美，特别是文学作品中塑造的鲜活灵动、呼之欲出的生动形象，更是语文独有的美的表现。

中职语文审美教育的情感愉悦性是指语文审美教育以情感人，以情动人，最大限度地激发教和学的积极性，在情感相融之中，既使情感本身得到陶冶升华，又达到乐教乐学的教学境界，获得理想的教学效果的特性。

中职语文审美教育的自由创造性是指语文审美教育能够充分发挥教师和学生按照美的规律教和学的主观能动性，形象显现他们创造性的本质力量的特性。

美、审美和自由创造是密不可分的。自由创造性是美的精髓，也是语文审美教育的根本特征之一。这里的"自由"，不是指随心所欲、恣意妄为，而是有着特定的含义。首先是指对规律性或对必然的认识、掌握和运用，即按照客观规律进行实践活动。在语文审美教育中，就是在符合教育的客观规律、符合审美教育客观规律的基础上，充分发挥教师、学生的主观能动性，形象地显示他们创造性的本质力量。

中职语文审美教育的自由创造性表现在整个教育的方方面面，但主要体现在教师教学的自由创造性和学生学习的自由创造性两个侧面。

在中职语文审美教育中，教师承担着多重任务，扮演着多重角色，他既是导演又是演员；既是主角又是配角；既要对教材人乎其内，又要为讲课出乎其外；既要体验传达，又要组织管理。对教学内容的处理、教学方案的设计、教学方法的选择、教学过程的组织、教学技巧的运用，都既不能照搬别人的经验，也不能年复一年地重复自己，更不能用刻板如一的现成模式去解决所有问题，这一切都只有靠教师因人因事、因时因地制宜，追新求异，自由创造。自由的第二层含义是指灵活多样性。语文审美教育是有意识、有计划、有章可依、有序可循的，有时又是随机的、即兴的、偶发的、可变的。即使是经过深思熟虑的、周密细致的教学设计和安排，也很难毫发不漏地把各种可能变格和随机变量全部预测准确，总是或多或少地暗含着一些空白处或未定点。在审美教学实施中，随着教学活动的开展，这些不在原教学设计或方案之内，事先未曾预料到的情况就会随机偶发。在这种情况下，教师就应审时度势、随机应变、因势利导，充分发挥自己的情感、直觉、灵感的作用，从而使教学灵活多样、千变万化、生动活泼、兴味盎然。这种灵活性体现在教学的各个环节上。如处理教材活、教学设计活、教学过程活、教学手段活、课堂气氛活等，这种特点在各种教育活动中都不同程度地存在着，但是由于语文审美教育比一般教学形式更强调教育活动的形象性和情感性，更注重形象思维，这种特点就表现得更加突出、更为普遍、更为典型。

总而言之，无论是创造性地教，还是创造性地学，都是人的自由创造力的生动表现。在创造性的语文审美教育中，教师和学生都能积极主动地充分显示出他们的潜能、智慧和才华，从而有力地促进受教育者创造能力的全面发展。

中职语文审美教育的个性鲜明性是指语文审美教育能够突出显现作者、教师、学生的个性，并能最有效地培养受教者的个性的特征。个性是一个人独特的心理特征的总和。个性意味着独特性。积极有益的个性特征是创造性的内在依据。在其他条件相同的情况下，个性越鲜明，创造力就越强，鲜明独特有益的个性通过具体可感的形式表现出来，就成为个性美。中职语文审美教育个性鲜明性的特征主要表现在教师教学的个性和学生学习的个性两个方面。教师的教学是一种富于个性特征的创造性教育活动。由于教师的思想认识、气质性格、知识结构、审美修养和教学能力不同，因而在语文审美教育中，就总是会表现他自己的精神面貌，表现出他对教学内容、教育对象的独特感受、认识和情感，表现出他与众不同的审美修养。如有的教师循循善诱，巧于设疑；有的论证严密，具有逻辑的雄辩力量；有的语言风趣，富有幽默感；有的激情横溢，长于情绪感染。教师自身的个性品质是形成其教学个性的内在依据。个性不同的教师，即使教学内容相同，教学条件相似，他们的教学也会各具不同的特色。如果说形成独特的艺术风格是作家创作上臻于成熟的标志，那么在教学上表现出鲜明的个性色彩则是教师教学走向成熟的典型特征。

在中职语文审美教育中，学生也有更多、更好的条件和机会表现出千差万别的个性。因为在对待个性问题上，以智力为中心的教育与审美教育有较大区别。智力教育也讲究因材施教、尊重个性，但是与审美教育相比，它更着重一般知识的传授、一般逻辑思维能力和实践技能的训练和培养。一般而言，智力教育可以有比较具体的定性定量分析指标，以确定智力教育效应所达到的程度。智力教育大体由传授知识、训练技能、发展智力这三个基本要素构成。在实现这三方面的教育过程中，施教者必须按照教育、教学的统一标准、统一尺度去要求受教者，受教者也必须努力实现这些要求。智力教育注重智力的一般发展，而审美教育则注重审美个性的陶冶、塑造。审美教育对受教者的审美施教是以极其灵活和自由的形式完成的。受教者的审美感受，经过施教者的定向引导，审美媒介的感染，虽然可以发生基本或大体一致的趋向，却无处无时不充满着活跃多样的差异性。因此，审美教育无法明确提出像知识教育和技能教育那样整齐划一、定质定量的指标，而总是允许和承认审美经验及其效应的非共时性和选择性。因为审美教育的媒介即审美对象往往存在着某种多义性、模糊性和不确定性，这就给受教者留下了广阔的选择空间。也正因为这样，审美教育特别尊重个性，发展个性，并最终指向全面和谐发展的个性。

和谐统一性是指语文审美教育以审美为纽带，有机整合了语文审美教育系统中多种因素、多个侧面、多种矛盾对立的内容，使之成为完美统一体的特性。

和谐统一为美，是中外美学史上一个占据中心地位的源远流长的美学观念，几千年来经久不衰，至今仍焕发着强大的理论魅力。概括而言，和谐就是主体与客体、人与自然、个体与社会、感性和理性、实践活动的目的性与客观世界的规律性的和谐统一，归根结底是以培育全面和谐发展的新人为最高理想。

语文审美教育以人的全面和谐发展为最高目标的审美立美的特质决定了它必然追求和谐统一性。无论是形式和谐、内容和谐、内容与形式的和谐，还是审美对象与审美主体之间的和谐，乃至人与自然、人与社会等整体和谐统一，都是语文审美教育的基本特质或内在要求。

第一，形式和谐。在语文审美教育中最能体现形式和谐特点的，就是语文审美教学节奏。语文审美教学节奏的安排与教学内容并非毫无关系，但它总体上属于形式因素，主要体现为形式和谐。教学节奏的安排既要使整个教学过程结构严密紧凑，力避松散拖沓，又要有波澜起伏，切忌平淡无奇，必要时还可以弹拨弦外之音，生发言外之意，甚至可以巧设"空白"，给学生以驰骋想象、回味的广阔天地，从而使整个教学活动动静交替、张弛相辅、疏密相间、错落有致、主次分明、隐显兼容，形成多样统一的和谐整体。

第二，内容与形式的和谐。内容与形式的和谐突出地表现在教学方法的运用与语文审美教育内容的关系上。教学方法的运用不能为方法而方法，在语文审美教育中，教育过程的内容与形式，应当是和谐统一的整体，犹如一首交响乐，尽管节奏、旋律不断变化，但它们却相互交融、浑然一体。就像特级教师李吉林所说的，每曲交响乐都有它的主旋律，每篇课文都有一定的中心，扣住主旋律，千百个音符便成为乐章；突出中心，各种教育手段才能糅合为有机的整体。

第三，教与学、立美主体与审美主体的和谐统一。语文审美教育活动主要包括教师的教和学生的学两个方面。语文审美教育的根本标志是师生双方在最大限度地发挥各自主动性和创造性的基础上达到一种和谐统一状态。真正的语文审美教育活动，必定是教与学、立美主体和审美主体情绪高涨、交感共鸣、彼此协调、配合默契，双方活动处于高度融合状态，从而使语文审美教育活动形成完美和谐的统一体。

第四，各矛盾对立因素的整体和谐统一。除前面已涉及的各对立面的统一外，在语文审美教育中还涉及诸多矛盾对立面。如科学性与艺术性、实用性与审美性、工具性和人文性、手段与目的、智力发展与情意陶冶、抽象思维与形象思维、课内与课外、校内与校外等，这些对立矛盾的因素，都是语文审美教育应在相应的教育环节、层次、意义上辩证整合为一体的。

总而言之，语文审美教育是一个复杂的统一体，它包含着多种多样的甚至矛盾对立的因素，这些因素只有按照各个层面的教育目的，按照一定的程序即语文审美教育规律协调一致，形成整体，和谐统一，才能最大限度地发挥语文审美教育的作用。

（二）中职语文审美教育的目的

教育是一个复杂而庞大的有机系统，包含着不同阶段、不同类别的教育种类。与此相对应，就构成了多维、多层立体网络式的教育目的体系。

作为教育系统和审美教育系统中的一个子系统，语文审美教育的目的也应是一个多维多层的系统。我们拟按照由一般到特殊、由远及近、由抽象到具体的逻辑顺序，把它分为终极目的、一般目的和特殊目的三个层次加以论述。

1. 终极目的

语文审美教育的终极目的，就是语文审美教育最终或最高的指向。我国著名美学家童庆炳先生对这个问题做了相当深刻的回答。语文审美教育的终极目的，是一切教育的终极目的。作为实现这一远大目标过程的一个历史环节，当前，我们要坚持贯彻落实德、智、体、美、劳全面发展的教育方针，努力把受教者培养成有理想、有道德、有文化、有纪律的人。

2. 一般目的

语文审美教育是人的全面和谐发展的教育的一个重要组成部分，它应该坚定不移地把全面和谐发展的教育目的作为自己的最终目标。但是语文审美教育又是一种特殊形式的教育。它必须将最高的抽象的教育目的具体化，并与本学科的特征相结合。

语文审美教育一般目的中的审美教育目的，是指通过各种形式的审美教育如自然美教育、社会美教育、各类艺术美教育都能达到的审美教育目的。它主要包括培养健康高尚的审美观、培养审美感受力、培养审美鉴赏力和审美创造力四个方面的内容。

（1）培养健康高尚的审美观。审美观是世界观的一个组成部分，是世界观在审美领域的具体体现。审美观指导、制约着人们对世界的审美把握和审美感受，是审美活动的中枢。审美活动，无论自觉不自觉，实际上都受一定的审美观的支配。中职语文审美教育的首要任务，就是以焕发着真善美光辉的美的事物为生动教材，帮助学生树立正确、健康、进步、高尚的审美观。

由于审美观存在着这种种差别，通过审美教育树立健康高尚的审美观就有着极为重要的意义。只有树立健康高尚的审美观，才能谈得上审美能力和创美能力的提高。

树立正确的审美观必须吸引学生参加多种多样的审美活动，接受体现出正确健康的审美观的美的事物的感染熏陶，同时也需要按照美的规律引导学生初步树立健康的审美观点。

（2）培养审美感受力。所谓审美感受力，就是指审美感觉器官（主要是人的视觉器官和听觉器官）对审美对象（即美的事物）的感知能力。它包括对美的事物的外在形式

（色、形、声等）及其内在的情感表现、象征意义等的感知能力两个方面。

培养审美感受力是十分重要的。因为审美感受能力是人们进行审美活动的出发点和"门户"，是其他审美能力发展的前提和基础，只有通过审美感受力这个大门，人们才能与美的事物发生关系，进入审美过程，进而获得美感。如果审美者缺乏对美的敏锐的感受能力，他就不可能获得丰富多彩的审美享受。

人的审美感受力的形成与先天因素有关。但是先天因素仅仅是一种条件或潜能，它只不过为审美感受力的形成提供了一种可能。审美感受力的形成主要在于后天的训练和培养，由后天的社会实践、审美实践所决定。因此，提高审美感受力的唯一办法就是通过"反复实践"。

（3）培养审美鉴赏力。审美鉴赏力是指对美的事物的分辨识别和整体领悟评价的能力，它主要包括两个方面：一是对美丑的分辨能力，对美的事物的性质、类型、程度的识别能力；二是对美的事物整体领悟评价的能力。审美鉴赏力是比审美感受力层次更高的审美能力。培养审美鉴赏力比培养审美感受力有更重要的意义。首先，如果没有辨别美丑的能力，就会以美为丑或以丑为美；其次，可以使人识别美的性质、类型和程度；最后，可以使人敏锐地捕捉事物的外在形式特征，善于透过有限领悟无限，得到韵味无穷的审美享受。

（4）培养审美创造力。审美创造能力指的是审美主体在实践中按照美的规律，表现美、创造美的能力。按照美的规律改造客观世界和主观世界，是人类社会实践活动的本质。社会越发展，要求按照美的规律美化人类自身和建设世界的活动就越具有自觉性和明确的目的性。人们认识世界是为了改造世界，同样，人们感受美和鉴赏美是为了更好地表现美、创造美，是为了创造更加美好的人生生活。因此，上述审美教育功能的最终实现，都要落实到人们表现美、创造美的社会实践。创造力是人与动物的主要区别之一，是人类智慧的最高表现，也是衡量一个民族、一个人素质状况的直接标志，人自身素质的高低，是和他的创造能力的强弱成正比的。审美教育的目的之一，就是提高这种创造能力。在审美中，审美主体处于一种最自由的状态，它使人的个性得以最充分的展开，想象得以最广阔的驰骋，这就为个性的发展和想象力的培养提供了最佳机遇。一个人如果没有个性的充分发挥，没有丰富的想象力，只会循规蹈矩、亦步亦趋，创造力就难以形成和发展。

中职语文审美教育和一般审美教育目的的上述四个方面是互相联系、密不可分的。一般而言，审美观是中心，审美感受力是前提和基础，审美鉴赏力是审美能力的发展和深化，审美创造力是审美能力的升华和归宿。它们互相依赖、互相渗透，最终达到美化客观世界和主观世界的目的。

3. 特殊目的

语文审美教育的特殊目的就是语文审美能力。中职语文审美能力就其典型形态而言，就是文学审美能力。文学审美能力就是人们发现、感受、鉴赏、评价乃至创造文学美的能力的总称，它虽与一般审美能力的基本要求相通，但又有自己的特殊规律和要求。具体要求如下：

（1）培养文学审美感受能力。与其他艺术相比，文学是语言的艺术，是运用语言文字来塑造形象反映社会生活、表达作家的思想感情的。语言是思想的物质外壳，是思想的直接现实，这就使文学形象具有非直观性或间接性。面对文学作品，读者看不到形象，看到的只是语言符号。读者只有识字并掌握了文字的意义，再借助联想、想象，才能把头脑中的作品转化为具体可感的相应形象。换言之，读者是借助语言符号才感受到文学作品中所塑造的文学形象的。在创作中，作家通过语言把形象固定下来，而读者只能依据作家的语言才能唤起有关现实和情感的表象经验，从而把握文学形象，"破译"其中的意义。这就决定了文学的特点，也决定了文学感受的特点和途径：只有在识字的基础上，通过联想、想象，才能把语言符号所描绘的形象再创造出来，才能进入作品创造的艺术境界，形成如闻其声、如见其人、如临其境、栩栩如生、呼之欲出的审美效果，领悟作品诗情画意中蕴含的情思内涵和人生哲理，获得醇浓悠远的审美愉悦。因此，对语言感受的灵敏性、直觉性、细致性和统摄力，特别是通过语言所表征的色彩、线条、形体、音响等的感知进行联想、想象的能力，就在文学审美感受力中占据极为重要的地位，成为文学审美感受力所着力培养的主要内容。具体而言，它至少包括以下主要因素：

第一，培养吟诵、"美读"能力。吟咏朗读是提高文学审美感受力的传统方法。其要义在于通过对作品音声节奏的感受，由文入情，由文本世界进入作者世界，达到与作者神气相通、心灵感应的审美境界。

第二，培养"语感"。在艺术教育界，流行着听觉艺术培养"乐感"，即"音乐的耳朵"；视觉造型艺术培养空间"形式感"，即"感受形式美的眼睛"的说法。文学是语言的艺术，为此很多人认为就是培养"语感"。"语感"实际上就是对语言文学从形式到内容的审美感受的灵敏性、直觉性、细腻性、综合性、整体性及联想、想象能力的总称，是一种审美直觉。

第三，培养文学审美通感。审美通感是指审美活动中各种感觉的相互挪移、交互为用。文学审美通感的特殊性主要在于它是通过语言描写而引发的，因而更需要感受的敏捷性和活跃性，需要联想、想象的积极参与。文学中利用通感达到最佳审美效果的案例较多。例如，宋祁《玉楼春》："绿杨烟外晓寒轻，红杏枝头春意闹。"看到绿杨如烟是视觉形象，却连带勾起了"寒"的温度觉，又由"寒"勾起了"轻"的重量感；看到红杏盛开是视觉形象，却连带引起了"闹"的听觉感受。这是由视觉向温度觉、重觉、听觉挪移。多种感官的相辅相成，使审美感受具有综合性和整体性。

第四，培养文学审美感情力。"感情"在这里不是名词，而是动宾词，感运、感觉、感受情感的意思。文学作品是作家情感思想的物化实体，具有丰富的情感价值。在语文审美教育中，文学作品的情感信息自然而然地会向受教者释放。与此相对应，受教者就要具备接受作品情感信息，感应情感的能力。这种感应情感的能力，就是所谓"感情力"。文学审美感情力是文学审美感受力的重要组成部分。文学是"人学"，也是"情学"，感情力直接影响文学接受的品质和效应。感情力越丰富、细腻、敏感、深沉，就越有利于文学作品的审美情感把握。

（2）培养文学审美鉴赏能力。文学鉴赏是对审美对象的鉴别与评审鉴赏的层次高于文学审美感受。文学审美感受力的诸多内容是初级性的文学审美活动。而文学鉴赏能力则是在较深刻的审美领悟、品味、感受的基础上，理性因素相对突出的高层次文学审美能力，这种能力高度发展的标志是共性与个性的统一，既在文学鉴赏中表现出鲜明的个性，又能在这种鉴赏评价中体现出较普遍的客观社会理性内容，它以文字表达的内容为想象的出发点，以对文字表达内容的理解为展开想象的前提，通过表层理解，达至深层理解，即对于对象的整体把握。

（3）培养文学审美创造力。在中职语文审美教育中应当重视启迪学生创造美的灵性，挖掘学生丰富的创造潜质，点燃他们审美智慧的火花，使他们在语文审美实践中能有所发现、有所创造，培养出创造美的能力。要达此目的，至少要重视以下审美教育环节：

第一，重视培养学生语文美创造的意识。古代，人们创作强调"意在笔先"，虽然谈的是创作过程，其实对于整个创造活动而言都有普遍意义，即创造活动是以创造主体有了强烈的创造意识、创造愿望和创造追求为动力和前提的。创造意识的强弱往往成为创造潜质开掘和发挥程度的重要标尺。创造意识的培养有着极为重要的意义。

第二，学习创造美的方法和技巧。语文美创造需要具备生活、思想、方法和技巧上的诸多条件。首先，应有一定的生活基础，它既包括生活积累，也包括感情积累。要学会在生活中观察、体验、比较、分析。没有生活的积累，很难进行真正的语文美创造。其次，是使学生在具体的语文审美活动中，不仅要明白是作者创造的课文中的美，而且要深入认识作者是如何创造这些美的，进而学到表现、创造语文美的方法和技巧。

第三，引导学生按照美的规律进行语文审美创造实践活动。作文是综合性很强的审美创造力培养活动，它不仅讲究思想内容美，而且讲究语言形式美。例如，学生要写出一篇

"文质兼美"的佳作，除了必须具有高尚、深刻、美好的思想感情外，还必须掌握语文表达的方法，用美的语言形式表现美的思想感情内容。因此，在作文审美教育中，就应刻意启迪学生创造美的智慧，把创造意识落到实处。

此外，从当前社会发展的特点和语文审美教育发展的趋势来看，用口头表达创造美的能力的培养也是不可忽视的，这也是一种综合审美创造能力的培养活动。声情并茂的朗诵、针锋相对的辩论、震撼人心的演讲、生动活泼的即兴发言，是展示这种美的创造的主要形式。对口头表达美的创造力的培养，可以改变历史悠久的重笔不重口、重文不重语的不均衡局面，使学生语文美的创造能力更加全面。

（三）中职语文审美教育的形象化

语文审美教育是一种形象化的情感教育。从教育手段来看，美育与德育、智育有明显的区别。德育、智育主要以理论教材、科学著作、实验仪器等为工具，以上课、报告、讨论等为手段，往往离不开抽象的概念、逻辑的推理。虽然德育、智育也应尽可能借助美的形象，但是形象性的内容是起辅助作用，德育、智育离开美的形象仍可基本上达到自己的目的。只有审美教育才以美的形象为主要手段，理论分析和抽象概括只起局部作用；离开了美的形象，就很难实现审美教育的目的。

在中职语文审美教育中，生动的美的形象则是主要的审美媒介。通过它，语文审美教育才能很好地发挥效用。中职语文审美教育的这一特点是由美的形象性和美感的直观性所决定的。形象性是美的首要特性。无论自然美、社会美、艺术美、科技美，还是崇高、优美，都不能脱离具体可感的形象，都是通过栩栩如生的形象呈现出来的。另外，在审美活动中，无论欣赏哪一种类型的美，无论通过怎样的方式途径去欣赏美，我们都是从对美的事物的形象直观起步。通过具体可感的形象的直接感受，才进而领悟其内在意蕴，获得审美愉悦。总而言之，形象性是语文审美教育的基本特点之一，审美教育与形象思维能力的培养与右脑开发有着密切的关系。

二、中职语文的形象思维

形象思维是人的大脑自觉反映客观的具体形状或姿态，运用观念形象（意象）加工感性形象，从而能动地指导实践，创造物化形象的思维活动。它可通过创造真实感人的艺术形象来反映生活，揭示生活的有关本质与规律。

形象有主客观之分，客观形象就是能引起人的思想或感情活动的具体形状或姿态，也就是客观事物在立体空间中的存在状态，及这种状态随时间而发生的变化。主观形象是客观形象在人的感官与头脑中的能动反映。

主观形象有初高级之分：初级阶段即感性形象认识阶段，主观形象分为感觉形象、知觉形象、印象和表象。高级阶段即理性形象认识阶段，主观形象表现为意象，它是观念的或理性的形象。客观形象是纯客观的，但主观形象不是纯主观的，它的形式是主观的，内容是客观的，可见主观形象是主客观统一的形象。还有另一种主观形象（意象）的物化形式，如艺术形象，有人称之为物化形象。艺术形象的主客观统一，是"主观见之于客观"的形象，即通过形象思维指导的实践活动而创造出客观形象。所谓主观形象，是"客观见之于主观"的形象。

形象思维是一种以客观形象为思维对象、以感性形象为思维材料、以意象为主要思维工具、以指导创造物化形象的实践为主要目的的思维活动。

形象思维最突出的特点是鲜明的形象性，有时还带有浓郁的感情色彩，并通过一定的个性来反映共性。

第一，形象思维是以客观事物的形象作为思维的对象。自然界美不胜收的景物、千姿百态的景色、各种人物的音容笑貌、各种文学艺术的形象等，这一切构成了人们认识大千世界的内容。

第二，形象思维主要使用意象、具体概念、形象的语言、各种图形等形象性的思维工具。形象语言从性质上分三类，视觉语言、听觉语言、视听综合语言。这三种语言又可分为名词、动词、形容词。名词反映特定事物形象，如人、湖泊；动词反映特定事物运动形态，如哭、笑；形容词反映事物的性质、状态，如绿、尖等。人们运用形象思维的工具，就可对事物的客观形象进行分析、比较、综合、概括，引起联想与想象，创造新的观念形象与物化形象。

第三，形象思维除使用形象性语言外，还可使用形象性的非语言手段，如图形、模型、动作、表情及各种姿势等来传达思想、情感，表达意象。形象思维通过个性反映共性，揭示个别事物的本质特征、必然的运动发展来认识某类事物的共同本质和普遍规律。

（一）中职语文形象思维的审美性质

无论文学作品还是记叙文，语文的形象思维总是带有一定的审美性质。语文形象思维的审美性质突出表现在它的情感性上。

情感的主要特征。在审美活动中，情感反应离不开形象，否则，就不会是包含着理智的审美情感；同时，这种情感又会反作用于形象思维，使形象思维的诸认知因素以情感为纽带有机地组合起来，形成一种富有情感色彩的思维活动。语文的以至其他艺术的形象思维与科学研究中的形象思维的根本区别，正在于它的情感性上。

在具有审美意义的中职语文阅读和写作中，情感活动贯穿于形象思维的全过程，作者总是在现实生活中对他所接触的事物有了某种感情，才会产生表现这一事物的欲望和动机。语文形象思维是通过形象来再现生活的，它的任务不仅在于能够塑造出具体直观的形象躯体的外壳，更重要的是能塑造出支配形象生命的内在的思想情感的灵魂。同时，作者并不是冷漠地、纯客观地对待形象，自己主观的思想情感总要自觉或不自觉地渗透或融入形象之中。即使那些以描写自然景物为内容的作品，在景物形象身上也无不渗透着作者的思想情感。例如，杜甫的《春夜喜雨》诗，全诗并无一个"喜"字，而诗人的欣喜之情借托春雨景色得到了充分的体现。由此可见，一方面，为着表现形象本身思想情感的需要；另一方面，作者主观的思想情感即对生活的审美评价和情感态度又必然融入形象之中，所以，作者形象思维的过程就不仅是形象运动的过程，而且是饱含着情感运动的过程。

读者阅读文学作品或记叙文，其形象思维的过程也必然伴随着情感。作者以形象思维饱含着情感写成的作品，具有强烈的感染力量。当读者按照语言文字的示意进行形象思维时，不仅会在大脑中再造出相应的形象图像，而且会激起某种相应的情感与之相匹配，使大脑中的形象成为真实动人的形象，自己也从中获得某种情感的经验和感受。所以在读者的阅读中，形象思维的形象运动也总是与情感的运动相交织，表现出再造性形象思维情感性的特点。

科学研究中的形象思维或抽象思维，也需要情感的力量。但是，对科学研究者而言，这种情感主要表现为对工作的热爱，它只能化为工作的热情和克服困难的决心，促进和推动科研工作者积极地去探求真理，却不能将情感带入形象思维和抽象思维的内容和结果中去。因此，在科学研究领域的形象思维中，情感并非形象思维的组成因素，形象思维仅表现为认知的功能；而在语文形象思维中，情感成为形象思维重要的组成因素之一，在情感与诸认知因素的协调作用下，审美主体不仅可以达到对审美对象理性的理解和认识，而且可以产生丰富而深刻的审美感受。

（二）中职语文形象思维的加工过程

按照过去的传统观念，人的认识由感性到理性靠的是抽象思维。那么，中职语文的形象思维既是一种思维，是否达到理性的认识，这是近年来学术界研究的一个重要课题。目前比较一致的看法是，形象思维作为人类认识事物的一种基本的思维类型，它同抽象思维一样，同样可以从感性认识达到理性的认识。那么，作为一个完整的思维认识加工过程，它需要经过形象的感知和形象的理性化两个阶段，具体如下：

1. 形象感知阶段

形象思维和抽象思维一样，它的基础是感性认识。感性认识包括感觉、知觉和表象三种互相联系、依次发展的形式。无论抽象思维还是形象思维，对客观对象的感觉是认识的第一步。感觉反映的是事物的个别属性，知觉则是关于事物整体的反映。感觉和知觉的重要收获是大脑对客观对象摄取了相应的映象。映象带有直观性的特点，这种直观的映象记忆在大脑中，事后再回忆它时便是表象。感觉、知觉和表象都属于感性认识，但表象比感觉、知觉的认识更进了一步，它具有直观形象性和初步概括性的特点。从感觉、知觉到表象，反映出人的认识由部分到全体、由直接到间接的趋势，但这种认识所反映的仍然是事物的表面现象和外部联系，因而它还是一种比较认识活动。

表象是感性认识的最高形态，它在人的认识过程中有着非常重要的作用。前面说过，人的思维是在大脑中进行的，它不能直接以客观事物为加工对象。由于表象是对客观事物形象的模拟，而且储存于人的大脑中不像感知那样受时空条件的限制，所以表象不仅为大脑的思维加工提供了原料，而且为大脑的随时加工创造了条件。同时，正因为表象既具有直观形象性又具有初步概括性的特点，所以形象思维才可能以直观形象为原型进行加工改造，塑造出外在形态更丰满、内在意蕴更丰富的新形象，从而使新形象能够以个别反映一般，具有更高的典型性。抽象思维也才能对直观形象进行抽象和概括，把形象的直观转换为抽象的规定，从而形成对事物的本质属性的反映。表象是感性认识的终点，又是理性认识的起点，所以它是由感知过渡到思维、由感性认识过渡到理性认识的中介。我们这里所说的"思维"，自然既包括抽象思维，也包括形象思维。无论抽象思维还是形象思维，都是在感性认识的基础上，或者说是以表象为起点开始的，但在继续前进时却分道扬镳，走上了不同的途径。

2. 形象理性化阶段

形象的理性化，就是通过形象思维的方法，对表象材料进行"由此及彼、由表及里、去粗取精、去伪存真"的加工处理，使表象转化为具有理性意义（即典型化或理想化）的新形象，由原先的感性认识发展到理性认识。下面具体分析形象思维加工的两个基本环节：

（1）通过形象的分析和综合使表象转化为意象。同抽象思维一样，形象思维也存在着分析、综合等基本的思维过程，或者说形象思维是凭借着分析和综合来对表象进行思维加工。同时，那些比较复杂的形象思维过程也离不开抽象思维的必要的参与和调节，如小说创作中的情节安排等。为了把抽象思维的分析、综合等过程与形象思维的分析、综合等过程区分开来，我们将前者称为抽象的分析、综合等，把后者称为形象的分析、综合等。形象思维除分析和外，主要还有比较和概括，下面分别探讨：

第一，形象的分析，就是把整体形象分解为各个部分，从而认识每一部分的形象特征的思维过程。

第二，形象的比较，就是对同一形象各部分或不同形象的相同部分特征的辨别，它是理解和认识的基础。它往往是与形象的分析同时进行的，分析中包含着比较，比较中也包含着分析。

第三，形象的综合，就是把被分析、提取的局部形象特征按照它们之间的有机联系再组合成新的整体形象。

第四，形象的概括，就是把许多形象所具有的共同的形象特征，或把某一形象分析出来的具有同类形象一般的、共同的形象特征结合起来。

综上所述，形象的分析、比较、综合、概括，既是形象思维基本的思维过程，也是基本的思维方法。在形象思维过程中，出于不同的目的和需要，形象的分析、比较、综合和概括的主要加工途径是：出于再现现实形象的需要，思维加工时以曾经感知过的某一现实形象为基础，经过对感性表象的分析、比较、综合和概括，使这一现实形象身上的非本质的成分被筛选，本质的成分被提取，最后得到的是能够反映现实形象本质特点的新形象。

形象思维经过这样的分析和综合，原先感性的表象也就逐步转化为理性的意象。在思维过程中，经过对感性表象的分析和比较，不仅有关部分的形象特征被提取、被显示，而且在分析、比较之中即包含着初步的主观认识；再经过综合和概括，所产生的新形象对同类事物在本质意义上也就具有一定的典型性和概括性，这时的主观认识也就达到了理性的水平。这个新形象虽然是在原先表象的基础上产生的，但已质变为富有典型意义和理想色彩，包括着主观认识（及情感）的理性的新形象，正是在这个意义上我们才称之为"意象"。

（2）通过回想、联想和想象展示意象的丰富内容。意象不仅具有直观、形象的外部形态，而且在它身上蕴含着自身内在的特质及与他事物的联系，它是内容与形式的统一。意象内容的展示过程，是在意象孕育基础上在内部语言参与下更高一级的思维加工。在这个过程中，意象是思维加工的主体对象，回想、联想和想象则是基本的思维运动形式。

回想是人的思维运动的形式之一，不过它在思维中是一种比较思维运动形式。

联想，就是由一事物而想起另一事物，它的思维功能就在于能够从事物之间的特殊联系上去揭示意象的内容，从而达到对事物的理性认识。我们知道，联想可以分为接近联想、相似联想、对比联想和关系联想等，尤其是后三种方式的联想都反映了事物之间的一种特定的关系。通过这些方式的联想，便可以将两种意象按照某种特定的关系组合起来，形象思维的理性认识也就体现于这种特定的关系之中。所以，联想在形象思维中起着重要的作用，由于联想从某一意象扩展到了其他意象，这样不仅可以丰富思维的内容，而且可以从意象之间的特定关系去揭示事物的本质。

由上可知，回想是现实性意象内容展现的主要思维运动形式，以它为主体而形成再现性的形象思维；想象是创造性意象内容展现的主要思维运动形式，以它为主体而形成创造性的形象思维；联想则以自己的独特作用给二者以密切的配合。但在实际思维过程中，回想和想象又往往是互相渗透的，回想可以使想象获得现实的基础，想象又可以为回想增加理想的色彩。

形象理性化是形象思维认识加工最重要的一个阶段，亦即理性认识阶段。在第一个加工环节上，通过形象的分析和综合，感性的表象上升为理性的意象。意象既具有生动、具体的外在形态，又包含着被凝缩的丰富内容，它是内容与形式相统一的综合体。意象的诞生是形象思维飞跃到理性认识的标志。在第二个加工环节上，通过回想、联想和想象，意象内在的凝缩着的丰富内容被展现出来，形成一个有序的、合乎现实逻辑的意象系统，这个意象系统便是形象理性化阶段的最高形态。这主要是形象思维理性认识加工的基础过程。

（三）中职语文形象思维的培育内容

1. 表象培育

表象，作为形象思维加工最基本的材料，学生大脑中表象的量和质，直接关系着形象思维加工的效率和质量。例如，阅读作品，如果中职学生头脑中缺乏足够的表象储备，在阅读中就会常常遇到对自己陌生的事物发生表象组合的困难。再如写记叙文，学生也常常会遇到因头脑中表象不清晰而难以具体、准确表述的情况。所以，平时注意表象的积累，并注意不断提高表象的质量，是形象思维培育中最基础的一项工作。

丰富中职学生的表象，提高表象的质量，根本途径在于教学生平时要勤于观察、善于观察，使他们具有较高的观察能力。从表象的形成上来看，不仅应该注意不断地开拓学生的观察范围，更重要的是要培养他们观察中主动的分析和综合及对事物因果联系的发现能力，培养他们观察中的审美能力，这对提高表象质量有着决定性的意义。

教学生广泛地阅读作品，是以间接的方式丰富表象数量和提高表象质量的重要途径。人的直接的感知范围总是有限的，而且有一些事物（如古代的、外国的、宇宙的、微观的等）是我们不能够或难以直接感知的，而阅读恰恰在这一方面弥补了直接感知范围的不足。同时，阅读不仅是一个调集头脑中表象进行再造想象、理解作品形象的过程，而且也是一个作品形象反作用于表象使其得到改造和优化的过程。阅读与观察比较虽然是间接的，但它对学生表象量与质所起的特殊作用又是观察所不能替代的。

需要注意的是，作为语文的形象思维的表象，其质量的高下优劣是与其语言水平相联系的。阅读对表象形成的另一个重要作用，是使中职学生不断地寻求到了与表象相应的语言的标志。此外，对中职学生具有重大意义的不是形成怎样的形象，而是怎样把直观获得的感性特征跟确切选择出来的那个标志整个对象的词结合起来。记叙文和文学作品都是利用词来标志和展现形象特质的，阅读可以使学生学到大量的词汇，为形象的分析和综合及揭示形象最本质的东西提供了必要的手段，而且可以从作者那里学到用词来标志和展示形象特质的经验。只有当中职学生头脑中的表象和词紧密地结合在一起，表象才可能转化为用词加以描述的具有客观意义的形象。同时，表象的培育还应当注意培养学生的记忆力，以保持大脑中表象的稳定性和持久性。

2. 联想能力培育

在实际教学中，对中职学生联想能力的培育主要是结合再现性形象思维进行的。

联想的重要作用，首先表现在它可以由一事物激起对其他种种相关事物的回忆，源源不断地调集有关的表象材料作为形象加工的内容。由此，联想也成为写作的一种重要方式，通过联想以拓宽思维的广度。有不少记叙性的文章大段大段的内容都是作者联想的产物，尤其是散文，这一特点表现得更为突出。我们说散文的写作特征是"形散神不散"，从写作思维上讲，正反映了这种既能够围绕着中心，又能够灵活发散，在更广阔的生活背景上开展联想的特点。联想，就其本质而言，它是客观事物之间联系性在人的大脑中的反映。正因为客观事物之间存在着各种各样的联系，所以才会有接近关系、相似关系、对比关系、因果关系等方式的联想。因此，培养学生的联想能力，从根本意义上讲，应该让他们去深刻理解和认识客观事物之间的各种联系方式。如果能够掌握事物之间的联系方式，并且能够尽量形成相关事物的联系系统，那么在某一思维课题需要时就会由其中一事物迅速想起其他相关事物。

联想能力的培养应该与创造性思维的培养相结合，要特别注意加强对学生思维灵活性（发散性）的训练，使他们善于从本事物所具有的性质或特征出发，能够多方面、多角度地展开联想，并通过比较、分析去寻求和发现某一最贴切的事物。

3. 回想能力培育

回想能力的培育，应着重做好以下两方面的工作：

（1）记忆品质，包括记忆的准确性、持久性和准备性，它是回想能力的基础。例如记忆的准确性，是再现性形象思维达到"真"和"像"的基础和前提。另外，培养记忆的准确性，首先，要让学生在识记事物时必须仔细认真，以便在头脑中留下正确的、全面的、深刻的印象；其次，注意对同类事物进行比较，在相似之中把握其差异，以提高识记的精确度并突出其特征；最后，要在理解的基础上识记，使所记的内容具有一定的深刻性。

（2）重视对回想目的性和程序性的培养。回想的目的性，即指回想活动能够按照预先确定的目的或主题来进行。即以形式自由、不拘一格的散文而言，思维的广阔性、发散性和灵活性，最终都必须收束于思维的目的性上来。回想的程序性，即指回想过程能够保持正确的方向性、明确的层次性、条理性和合理的逻辑性。回想的目的性和程序性是意象丰富内容得以合理展示并形成意象结构系统的保证。

在实际教学中，回想目的性和程序性的培养主要是结合作文教学来进行的。回想目的性，要求学生能够树立主题意识、能够通过分析和比较，对表象材料进行去粗取精、去伪存真的思维加工，选取那些能够反映主题的有意义的材料。回想程序性，要求学生能够从思维目的出发，按照一定的思维方向来思考问题并表现出一定的层次性，而思维的层次之间能够反映出事物的内在联系，使意象赖以展现的形式结构成为一个多侧面、多层次的，体现着严密的逻辑关系的完善系统。这就需要教师在阅读教学中重视思路教学。每教一篇课文，不仅要让学生知道这篇文章写了哪些内容，更重要的是要让学生懂得作者是怎样围绕中心展开思路的。只有这样，学生思维的目的性、程序性才能得到较好的指导和训练。

4. 再造想象能力培育

再造想象是阅读中再造性形象思维的核心因素，没有再造想象，对作品的感受和理解便无从谈起。以下着重就阅读过程谈谈再造想象能力的培育：

（1）教学生按照语言文字的示意进行想象，保持再造形象与作品形象的一致性。语言文字所表示的意义，是想象过程中表象的选择、加工和组合的依据。因此，让学生正确地理解语言文字的意义，并按照这一意义进行想象，是保持再造形象和作品形象一致性的前提。作者对形象特征的描写，总是通过富有表现力的词语来实现的。在阅读中，也只有抓住这些富有表现力的词语进行想象，才能在想象中显现出形象的特征。因此，有经验的教师总是教学生抓住表现力强的词语进行想象和体会，以此来增强想象效果。

（2）教学生通过合理的想象补充和丰富形象的内容。在阅读中，如果仅凭语言文字所表述的意义做对应式的想象，再现的内容便难以形成完整的形象，它还必须凭借自己的经验对再现的内容进行合理的补充，这种补充主要表现在三个方面：①对形象非描述部分的补充。如"唧唧复唧唧，木兰当户织"（《木兰诗》）这两句，如果不由织布声想到织布机，便很难组成木兰织布的形象。②对情节非描述部分的补充。如"旦辞爷娘去，暮宿黄河边，不闻爷娘唤女声，但闻黄河流水鸣溅溅"（《木兰诗》）这四句，情节的跳跃性很大，也需要有适当的想象内容来补充。③对作者形象的补充。如王之涣的《登鹳雀楼》、曹操的《观沧海》、李清照的《如梦令》等诗词作品，无不暗含着作者的形象，也需要做必要的补充。凡补充的内容在想象中虽然具有相对的黯淡性，或者带有某种背景衬托的性质，然而正因为有了这种必要的、合理的补充，想象中的形象才会更丰满，情节才会更完整。因此，教师应该引导学生将语言文字所提供的材料与自己的经验材料相融合，产生更符合作品要求也更符合生活实际的新形象。

5. 创造想象能力培育

想象的思维价值全在于它的创造性。然而想象的创造性并不是凭空臆造的，它必须依赖于现实性并接受现实性的检验。想象，是创造性和现实性的统一。同时，想象作为表象思维的过程，它是具体的，然而这种具体性又必须充分反映出形象的概括性，否则，想象的形象便失去了它应有的理性意义。可见，想象又是具体性和概括性的统一。因此，想象的创造性、现实性和概括性是衡量学生想象能力发展的重要标志。培养创造想象能力要注意以下方面：

（1）不断扩大中职学生的生活领域和知识领域，丰富想象的内容，提高想象的现实性。想象，根植于丰富的生活经验和知识经验。失去了生活经验和知识经验的支持，想象只能成为空洞的想象。

（2）教中职学生逐步学会典型的方法，提高想象的创造性和概括性。典型化，是文学创作中创造典型形象的过程，即通过艺术的体验和分析，把生活中最有意义的东西概括起来，并表现在个别的、具体的、富有美感的形象中。文学创作的典型化，在思维的意义上也就是想象的典型化，即在想象中对记忆表象加工改造形成具有一定理性意义的新形象的过程。想象的典型化，或想象的加工改造，又具体表现为想象的分析和综合过程。分析，就是在思想上按照某种主观意图把有关的记忆表象进行分解的过程；综合，就是在思想上按照某种主观意图对分解的表象进行比较、选择和重组的过程。所以，想象的分析和综合的过程与回想的分析和综合的过程有着实质的不同，它最后得到的是脱胎于记忆表象而又不同于原先表象的崭新形象。

想象的创造性和想象的概括性，都与想象的分析和综合相联系。所谓创造性，也就是通过想象的分析和综合所得形象达到的新颖程度。所谓概括性，也就是通过想象的分析和综合所得形象对同类事物一般特征达到的概括程度。一个人想象的分析、综合能力越强，所得形象的创造性和概括性也就越高。学生想象力的发展，正是随着想象的分析、综合能力的不断提高，才由最初具有简单的表象，复制或再现性质的想象逐步过渡到复杂的表象创造性改造性质的真正意义的想象。所以，提高学生想象的创造性和概括性，关键在于提高他们想象的分析和综合能力。想象典型化的过程，又是受思维主体审美观的支配的。想象典型化的心理指向，实际上就是思维主体审美理想的反映；想象典型化所得的形象（即意象），正是思维主体审美理想的具体实现。因此，创造想象的培育，应当十分重视正确的审美观尤其是正确的审美理想的培育。

（3）活跃中职学生的文学写作活动，在写作实践中发展创造想象的能力。培养学生创造想象或创造性形象思维的能力，最重要的途径就是教他们学习文学的写作。因此，为了发展学生创造想象的能力，让学生搞点文学性的写作不仅是必要的，而且是可能的，语文课应该因势利导做好这方面的工作。

形象思维活动的始终都伴随着情感活动，情感是形象思维活动的动力。在培养形象思维的过程中，同样要注意激发培养学生积极的情感，发挥"非智力因素的"作用。

6. 形象分析与综合能力培育

形象的分析与综合的能力以及由此而派生的形象的比较、概括等能力，是形象思维中最基础的几项能力。培养学生形象的分析和综合能力，包括下述两项内容：

（1）对形象材料的分析和综合，基本要求是中职学生能够对表象材料进行分析、比较、选取、归类、组合，使表象材料能够服务于主题，并表现出材料之间的逻辑序列。例如，学生看到作文题"我们的学习委员"，这时大脑中就会出现一系列有关学习委员平时表现的生动画面。他首先要在思想上对这些表象材料进行分析、比较，然后再进行归类、组合，看这些材料具有怎样的性质和特点，能够表现怎样的主题。假定确定的主题是表现学习委员全心全意为同学服务的精神，这时大脑中出现的表象便会相应地集中于主题要求的范围。通过对表象材料的再次分析和比较，凡不符合主题需要的被舍弃，凡符合主题需要的被保留，这是一个侧重于分析的思维过程，被选取的表象材料还需要进一步归类和组合，经过思维的综合使其系统化，这时，凡性质相同或相近的材料归入一类，各类材料都分别反映主题的一个方面；而每类内部及各类之间均呈现出一定的逻辑序列，共同组成一个多层次的有序的结构系统。

（2）对形象特征的分析综合，基本要求是教中职学生能够在主题的特定要求下对表象进行一种定向的分析综合，使形象的特征更鲜明、更集中、更生动、而具有本质的概括性。具体而言，要在思维主题的控制下，通过分析、比较，滤除形象身上与主题无关或一般化的内容，保留能够强化主题、反映形象本质特征的内容。通过这样的思维加工过程，形象的本质特征得到显现，从而使形象富有一定的典型意义。

第四章　中职语文教学知识的发展

第一节　中职语文教学知识的发展框架

获得教师专业发展的路径实际上是一个连续的谱系，许多与教师专业发展相关的概念指称的就是这个谱系中的某些途径。谱系的一端是顺其自然地度过职业周期而获得专业成长，这种基于经验的成长一次要经历几个阶段，这一段可称为"职业成熟"。另一端是有组织地促进教师成长的在职教育计划，可称为"教师培训"。其他有关概念则处于以这两个概念为端点所形成的谱系上。当然，每一端本身又是复杂的。例如，就教师培训而言，按照培训是否在教师任职的学校进行又可区分出一个以"在职培训"和"在岗培训"为端点的一个连续谱系。

此处根据格拉特霍恩关于教师专业发展连续谱系的观点，吸收国内外相关研究的成果，从我国教师专业知识发展的实际来源出发，建立关于语文教师教学知识来源的分析框架。一般而言，中职语文教师教学知识发展的连续谱系由三个部分组成（图4-1）。

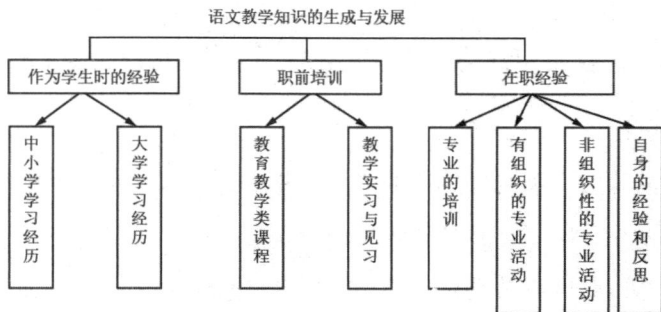

图 4-1　语文教师教学知识发展的分析框架

第一，作为学生时的经验。作为学生时的经验主要是"指教师在接受正规职前培训前作为学习者的经验"[1]，这种经验主要来自教师早期作为中小学学生时的经验，也称之为"学徒式的观摩"，这种经验是教师获得教学知识的一种比较重要的来源。

第二，职前培训。职前培训主要是指我国师范教育。我国师范教育课程结构中与中职

---

① 朱晓民. 语文教师教学知识发展研究 ［M］. 北京：教育科学出版社，2010：58.

语文教师教学知识较为密切的课程为公共必修的教育学、心理学课程、语文课程与教学论课程等。师范学生在毕业之前的教学实习是他们所学习的教育教学理论与教学实践结合的重要一环，也是教师教学知识的一种重要来源。

第三，在职经验。这里指的是教师在从事教学工作过程中所获得的经验或知识。在职经验可分为四个部分（表4-1）。

表4-1　中职语文教师在职经验的内容

主要部分	具体内容
专业培训	专业培训主要有两种方式：一是学历进修，包括教师毕业后所进行的学历、达标学习活动（包括全日制脱产进修、自考、函授、电大等形式），也包括攻读教育硕士学位、研究生进修班等；二是从教后接受的专业培训，这种培训是指由教育行政机构、学校组织的专业培训，如新课程培训、新教师培训、校本培训等，其培训目标更多地指向理念更新与理论学习。
有组织的专业活动	有组织的专业活动是由某些专业团体或教育行政机构组织的专业活动，这类专业活动的目标更多地指向教师的实践操作技能的提高，如市、区、学校举办的公开课展示或者教学比赛、备课组活动等。
非组织性的专业活动	非组织性的专业活动是指教师为了发展教学知识与提高教学能力而自愿进行的学习活动，这些活动有同事之间互相听课、阅读教育类的专著或期刊、校内外拜师等。
自身的教学经验和反思	教师的反思是教师将实践经验上升到理性认识的重要途径。丰富实际教学经验与加强自我反思都是有助教学知识增长的方法。教师自我反思有许多方式，如课后小结、撰写教学反思札记、记录专业生活史、建立教师个人博客等。

第二节　中职语文教学知识的发展模式

语文教师的教学知识发展具有鲜明的个性色彩，但不同教师的教学知识发展又体现出许多共性之处。不可否认的是，教师教学知识发展的某些方面是其他人无法仿效的，这体现了个性化的一面。但教师教学知识发展的某些共性规律是能够被其他教师所学习与借鉴的。此处利用树形图表示语文教师教学知识发展的过程与规律（图4-2）。

第一，语文教师教学知识发展的过程，其内核是教师对语文理解逐渐变化与深入的过程，图中用较粗的虚线表示，贯穿教师教学知识发展的始终。如果一个教师对语文的理解没有发生变化，那么，他的教学知识只是一种增长而不是发展。在一定的意义上而言，教师之间层次与水平的差异，其根本是对语文理解程度上的差异。

第二，语文教师个人的基本因素是教学知识发展的前提条件。教师个人对教育教学的信念、对待专业发展的态度、自我专业发展的需要，这几个因素在教师个人因素中占核心

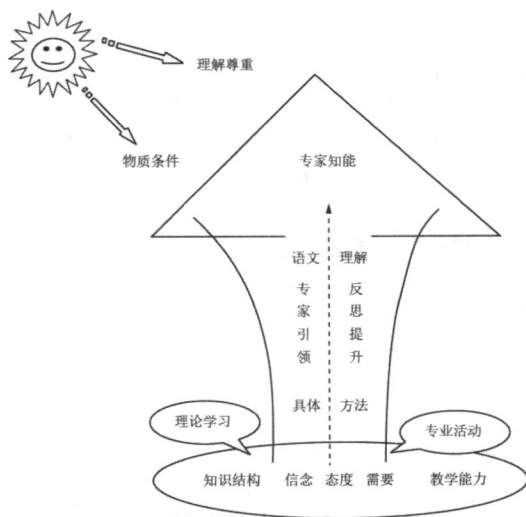

图 4-2　语文教学知识发展的树形图

地位，因此位于整个"树根"的中心。较为合理的知识结构与基本的教学能力是教师教学知识发展最基本的条件，这些是教师个人最基本的因素。

第三，在教学知识发展过程中，必须不断地进行理论学习与参加专业活动，获得理论"营养"与提高操作技能，这两方面因素就仿佛"养料与水"一样不断注入"树根"，为教学知识的发展提供充足的"养料与水分"，这里的理论学习包含专业理论学习与教育理论学习，两者相互促进、缺一不可。教育理论学习包括教育学、心理学、课程与教学论、语文教育学等基本理论的学习以及各种理念的学习。专业活动指各种侧重实践操作的专业活动，如师徒制、公开课等。

第四，语文教学知识的发展一般是从学习与掌握具体的教学方法开始。当教学经验积累到一定程度，操作方法与教学内容能够恰切结合时，教学知识就达到了一个较高的层面，具备了成为专家教师的基本条件。在此基础上，教师需要高水平专家的纵向引领与自身对教学经验的反思提升，深化对语文的理解。只有这样，一个教师才能成为真正的专家，语文教学知识才能发展成为专家知能，这两方面的因素就像"树干"中的"导管"一样，为教学知识发展不断地输送着"养料与水分"。

第五，语文教学知识发展的趋向呈现出一种"树冠形"的特点，越发展越开阔。尤其是经过专家引领与反思提升之后，一方面，教学知识呈现出迅速扩张的态势，教师的视野会越来越开阔；另一方面，教学知识的内涵更加丰富，逐渐成为有机整合的体系，结构更加精细化，内部构成更加条理与科学。

第六，教师教学知识的发展还必须具有较好的外部氛围。整个社会与学校要创造一种宽容的氛围，理解与尊重教师的智力劳动，为教师提供必要的物质条件，让教师能够体面的生活。现代教师的专业发展，是教师身心愉悦式的发展，要达到痛并快乐着的境界。

第三节　中职语文教学知识的发展策略

一、培养语文教师教学反思能力

从中职语文学科教学知识发展的角度确定反思的内容，那么教师应该从以下方面进行反思：

（一）反思教学目的

教学目的作为一个统领性的理念，指导着教师日常的教学行为。语文课程教学目的，是人们在语文课程领域内开展的全部活动中对需要满足的预想和构想。教学目的的是指教育的总体方向，它所体现的是普遍的、总体的、终极的教育价值。教学目的相对于教学目标而言，"它是一种理想化的、应然化的理想，往往只是存在，并且作为教师们的一种永远的追求"[1]。教学目的决定教育目标的状态、内容和方向，而教学目的又是基于某种教育价值而选择的，它必然体现了一定的教育哲学观。语文教学的目的就是让学生热爱语文。教师可以灵活地采取适合特定教学内容的教学策略，设定本课题的教学目标，但最重要的是学生是否通过教师的教学热爱语文了。至少教师应该在一段时间的教学之后，反思学生是否热爱上了语文。因为兴趣和热爱是最好的老师，如果学生爱学习语文了，所有的问题就都迎刃而解了。

（二）反思学生反应

第一，反思学生的独特观点。由于生长环境、个人阅历等原因，学生对某些问题常常能提出一些创新性的观点，这些观点往往在教师意料之外，并能开拓教师的思维。学生的兴趣被教师激发起来之后，往往会有一些让教师和同学十分惊喜的智慧的火花，这时教师就要反思学生的独特的观点是如何被激发的，日后应该坚持这种教学方法，记录下自己的成功的教学经验。

第二，反思学生的问题。在学习过程中，学生必定会提出很多疑问，有一些是教师根据自己的教学经验可以预想到的，其中一些疑问是教师意想不到的，甚至是不能当场解答的，对于不能当场解答的问题，不要回避，更不要打击学生的积极性，告诉学生问题很有创意，为教师和其他同学提供了一个更好地学习的机会。教师应将这些问题记录下来，迅

---

①智翠然．语文教师学科教学知识发展策略研究［D］．石家庄：河北师范大学，2011：31.

速采取解决措施，当教师自己无法独立完成的，可以向有经验的老教师和同事请教，这样既提高了教师的教学经验，在寻求解决策略的时候，通过自己的反思、同事之间的交流、向书本学习等方法，问题解决的过程也成为学科教学知识发展的过程。

（三）反思课程知识

教师要经常反思自己对某一特定的课题在整个课程中的定位是否准确，只有准确定位，才能确定教学的重点和难点。中职语文教师需要准确地把握该课题在整个语文教学中的地位和作用，才可以确定教学的目标、重点以及难点。

二、中职教师间合作文化的构建

教师的学科教学知识是一个不断积累的过程，尤其是对于新任教师而言，更应该注意与同事特别是经验丰富的老教师的交流。教师合作文化的构建，需要教师之间真诚无障碍的沟通。同事间的沟通与交流，可以采取多种方式，具体如下：

第一，师徒制作为一种传统的培训方式，其作用是不可忽视的。布朗芬布伦纳的生态发展观认为，个体能否顺利地适应新的环境，实现角色整合，取决于强有力的中介系统。在个体生态位转变过程中，如果有一位和年轻教师有亲密关系的资深教师陪伴，就会使中介系统的潜力增加。新任教师不是通过书本，而是通过观察和模仿师父的工作，通过实践来掌握知识和技能。这种个人知识的分享是学科教学知识发展的一个重要途径，它不是通过可言说的语言指导，而是通过实践中的教学行为的直接模仿，使得学科教学知识得以传递和发展。当然这种途径的局限就在于，无论是师父还是新任教师都没有掌握这种教学知识背后的系统性的原理。新任教师领会的知识无法清楚地表述出来，也难以创造性地运用到其他情境中去。

第二，公开课一般都要经历说课、听课、评课这三种课例研究的基本活动方式，它比常态课的备课、上课、反思多了同伴帮助和专业引领等要素和活动，因此，为教师自身的专业成长和教学水平提升提供了更多的专业支持。公开课唤醒了教师强烈的成长意识，为授课教师提供了展示自我的平台，听课教师通过听课评课也受益匪浅，所以从教师成长层面而言，公开课的应然效应就是公开课能成为教师个人职业成长的舞台。

第三，观摩课作为综合各种教学知识的场景性学习环境对教师充满着吸引力，也是较为有效的形式，因此中职语文课程培训应以具体实例来讲述相关理论，注重实际教学问题的解决。由语文学科教学与研究领域中的教师任课，充分提供发问、讨论、作业、实际演练等机会，通过教学实例的观摩讨论，与有经验的教师共同参与、分享等方式，并配合教师自身的反复演练和反思使语文教师能不断地建构学科教学知识。

第四节 中职语文教学知识的课堂运用

语文教学知识是直接支配课堂教学行为的知识。在具体的课堂教学过程中，语文教学知识处于一种动态运行状态。语文教学知识的课堂运行主要由两部分组成（图4-3）：

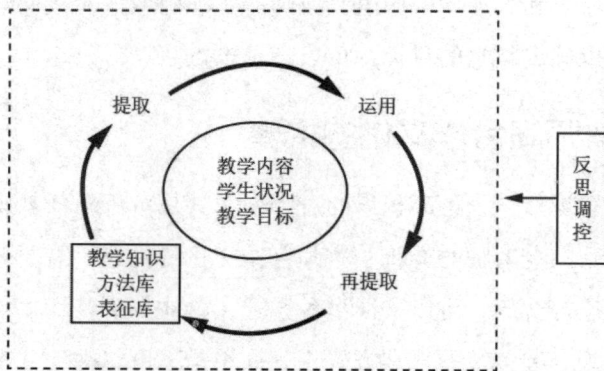

图 4-3 语文教学知识的课堂运行

第一部分，教师对课堂教学过程的反思与调控。反思与调控在课堂教学过程中具有重要的作用，有两个层面的反思与调控：一是指向教学行为与教学活动的反思与调控，它的作用是直接促进教师对呈现方式的选择、改进与调整，提高课堂教学的成效；二是指向教学的整个过程，这种反思与调控把教学进程作为对象，它以改进课堂教学的结构、进程为主要目标。反思与调控以教师的教育观、语文课程观、教学观、学生观、管理观等为基础，是教师在各种观念指导下对课堂教学情境做出的分析、判断与决策。

第二部分，即教学知识的课堂运行状态。如图4-3所示，中间圆圈部分表示课堂教学的核心部分，教学程序的安排、呈现方式的选择是紧紧围绕着中间部分进行的。每个教师都有一定的教学经验，这种经验包含着丰富的内容，其中，有两个重要部分直接影响着教学活动的进行与展开：一是关于教学程序、环节的安排等，即教学方法；二是关于呈现方式及表征方式，此处将这两者称之为"方法库"和"表征库"。

教师根据预设的教学目标、备课时确定的教学内容以及学生的实际学习状况，安排教学的程序、环节等，选择与当前教学情境相适应的呈现方式开始教学活动。由于学生的学习状况以及其他教学情境处于动态变化中，教师需要在反思与调控的指引下，及时地调整与生成新的教学目标与教学内容，重新安排教学进程与选择呈现方式。在学生学习状况与教学情境不断变化中，教师不断地、及时地对教学进程与呈现方式进行调整。

第五章　中职语文教学与智力发展

第一节　中职语文教学技能与模式分析

一、中职语文的教学技能

（一）中职语文教学的导入技能

导入是一堂课的开端，是教师在新的教学内容或活动开始时引导学生进入学习状态的行为方式。中职语文是学生能正确地运用规范现代汉语进行交流，通过学习古今中外的名家名作了解世界文化的多样性和丰富性、继承中华民族优秀的文化传统、培养高尚的思想品质和道德情操、提高语文素养和综合人文素养的一门必修课。课堂教学就成了实现这一教学目标的关键，导入则是课堂教学中必不可少的环节。

1. 语文教学导入技能的作用

良好的开端是成功的一半，在中职语文教学中，导入如同戏剧的"序幕"、乐曲的"引子"，它起着酝酿学生学习语文情绪、引领学生进入学习语文状态、引起学生学习语文注意力、引导学生明确学习语文目标、引学生进入学习语文情境等的作用。

（1）激发学生学习的兴趣。兴趣，是点燃智慧的火花，是探索知识的动力，语文课堂教学导入要能起到激发学生学习它的兴趣和引起学生学习它的动机的作用。学习兴趣是学习动机中最现实、最活跃的成分，是知识的"生长点"，是进行语文课堂教学的有利因素。学生对学习语文有兴趣，就会持续地、专心致志地钻研字、词、句、段、篇等学习内容，从而增强学习语文的动机，提高学习语文的效果。

语文课堂教学导入技能的运用，就是中职语文教师根据学生的身心特征、知识程度、学习目标等，或用丰富优美的语言渲染学习环境氛围，或用生动有趣的实验引发学生的求知欲望，或正确、巧妙地用热点话题、焦点时事激发学生的学习兴趣，或制造情节的高潮悬念引人入胜，或旁征博引名言警句、读语俗语令学生兴趣盎然，或教、学、做合一令学生满足学习需要等。这样，语文课堂教学导入技能就能充分起到激发学生学习语文兴趣、引起学生学习语文动机的作用。

（2）提升学生学习注意力。注意是人的心理活动对一定对象的指向和集中，是进行任何学习活动的前提条件，它分为有意注意和无意注意两种形式。有意注意状态下的学习效果明显优于无意注意状态下的学习效果。因此，语文课堂教学导入技能的首要作用就是能将学生的注意力从与本堂课学习目标无关的方面吸引过来，调控到当下的学习行为中，指向特定的教学任务和学习程序，在大脑皮层和有关神经中枢形成对新内容的"兴奋中心"。

（3）培养学生多元思维能力。中职语文课堂教学：一是要教会学生思维，让学生的思维具有敏捷性、灵活性、广阔性和深刻性；二是要教会学生用语言（包括口头语和书面语）表达。语文教学因其内容的丰富性、广博性、深刻性和综合性等特征，其导入可以充分起到培养学生形象思维能力、抽象逻辑思维能力、求异思维能力、比较思维能力和系统思维能力等的作用。如果中职语文教师在课堂教学导入时运用形象化的语言或铺陈或渲染营造出奇妙的学习空间和氛围，可以点燃学生形象思维的火花；如果运用贴切的概念、判断和推理，可以加强学生的抽象逻辑思维能力；如果设计富有启发性的问题，可以培养学生的求异思维能力。总而言之，中职语文教师对课堂教学导入技能的娴熟使用加强了学生思维的广阔性和灵活性，能够启发学生从不同角度思考问题，使学生在思维过程中体会思维的乐趣，保持高昂的学习情绪。

（4）引导学生明确学习目标。学习目标是一节语文课的核心，中职语文课堂教学中，师生所有的学习活动、学习手段、学习方法及学习程序的设计等都是紧紧围绕着语文学习目标开始和结束的，所以，语文课一开始，教师就应在分析教材的基础上抓住教材的重点内容，用简明扼要的语言展示语文的学习目标，使学生一开始就能明确自己的学习目标、学习进度、学习要求和学习结果。语文学习目标明确了，学生的思路就能紧跟教师的思路，形成教师主导、学生主动的课堂教学氛围，取得显著的教学效果，大幅度提高教学质量。

总而言之，语文课堂教学导入技能是在中职语文教学活动或新教学内容开始时，教师巧妙地引导学生进入语文学习状态的一种技巧性能力，这种能力的作用如陶明浚在《诗说杂记》中所述："若起不得法，则杂乱浮泛。"精妙的导入技能是中职语文教师丰富的经验、渊博的学识所创造出的智慧结晶。

2. 语文教学导入技能的表现

中职语文课堂教学导入技能主要有以下八种表现形式：

（1）问题式导入。问题式导入就是教师在教学开始提出一个符合学生语文认知水平、富有思维启发性、与新学语文内容紧密相关的问题进行设疑，在学生多样猜测及推理之后推进到新的语文教学内容的一种教学行为。

问题式导入可以起到两个作用：一是通过教学问题，把学生吸引到问题情境中，使其注意力高度集中地感悟语言文字，展开思维，推理判断；二是用设疑的方法导入新课，制造了一种神秘的情节悬念、一个思维的困惑，从而造成学生渴求新知奥秘的强烈愿望，起到一石激起千层浪的推进效果。

（2）简笔画导入。中职语文的内容丰富多样，大部分作品都可以在黑板上描绘勾勒成一幅幅生动形象的简笔画，尤其是情景交融的散文、小说中鲜明生动的人物形象、田园诗歌的意境等。在上课之始，教师用彩色粉笔在黑板上勾勒出一个意境、一个场景或一个典型的人物形象等进行导入，这就是简笔画导入。简笔画导入能让学生在赏心悦目的学习状态下，在视觉审美的基础上，感悟语言文字的魅力，感知语言文字的语表意义、语里意义以及语言文字组合起来的丰富情味，感受语言文字的分寸感和审美感等，培养规范使用汉语言文字的能力。

（3）诵读式导入。诵读是中国数千年来语文教学的传统且有效的方式，诵读式导入，就是在上课导入环节，教师或示范性诵读作品，或播放诵读磁带导入到教学内容的教学行为。

诵读式导入具有五个方面的作用：①通过诵读传递作家、作品的感情，达到以情感染学生的教学效果。②通过诵读培养学生感悟语言的能力。语文教材中的每篇作品都具有语言文字优美精确、语法修辞生动形象、构思布局巧妙等艺术特点，教师的诵读能以声感人，学生能在其中理解作品的主题意蕴，并把教材情感传递转化为自己的情感体验。③通过诵读培养学生在重音、停顿、语气和语调等方面的诵读技巧。④通过诵读提升学生的审美能力。诵读使文本文字直接外化为有声语言，声音美、语调美、节奏美、句式美、修辞美等都能促进学生审美能力的提升。⑤通过诵读陶冶情操、完善人格。诵读往往是一种高尚的精神享受。在诵读的语境中，流畅的声音、悦耳的词语、生动的语言、深邃的思想、高尚的情操、美好的憧憬等都会沁入学生的心田、激荡学生的胸怀、陶冶学生的性情、提升学生的精神境界。

（4）乐曲欣赏导入。乐曲欣赏导入，是指上课之始，教师播放与教学内容紧密相关的或相匹配的经典乐曲导入新课的教学行为。乐曲和文字同是表达情感、抒发作者思想的符号系统，二者具有相似性，可以相通。扣人心弦的乐曲、旋律优美的乐曲、婉转凄凉的乐曲、激情澎湃的乐曲、悠扬欢快的乐曲等，均可以感人耳、动人心、煽人情，渲染学习气氛，增强学习凝聚力，帮助学生进一步理解和掌握学习内容。

（5）影视作品导入。中职语文中很多文本已经搬上了影视舞台，利用影视作品导入，不仅给学生造成了强烈的视觉冲击效果，而且渲染了学习的氛围，激发了学生学习的热情，能够帮助他们领悟到语言文字的准确美、简洁美、理趣美、深邃美等。教师在上课开始之时，利用多媒体播放与讲课内容紧密相关的影视作品的片段来导入新课的教学行为就是影视作品导入。

（6）开门见山导入。开门见山导入是指教师通过简洁明快的讲述或设问，直接阐明学习目标、要求、内容及教学程序的教学行为。直接点题导入，可以使学生迅速抓住学习的主题，注意力高度集中，快速进入学习状态，从而节省教学时间。但使用这种导入形式时，如果教师语言平淡，语气、语调平缓，容易平铺直叙，难以达到让学生在短时间内进入学习状态的良好效果。

（7）诗词吟唱式导入。诗词吟唱式导入，就是教师通过吟唱方式把古诗词优美地吟唱出来以进行教学导入的行为。诗词吟唱式导入不仅渲染了学习情境，激发了学生的学习兴趣，还让学生在美好的视听效果中深切感受到古诗词之美，从而激发了他们学习的欲望和情感，促使他们主动接受古典文学熏陶、丰富文化底蕴、提高文化素养、养成高尚的思想道德情操。

（8）情境描述式导入。情境描述式导入，就是在课一开始，教师就用生动形象的语言给学生描绘渲染一个问题情境、一个优美的意境或者一个激烈冲突的境地等导入到新课教学的一种教学行为。

中职语文教学中通过描述一个生动的情境导入教学，可以起到沟通教师与学生的心灵，充分调动学生的既有经验，使之在兴趣的驱动下主动参与到探究及解决问题的活动中品味语言、推理事件、深刻理解文本内涵的作用。

综上所述，在具体课程教学中，教师可以同时使用以上八种形式中的两种或两种以上进行教学导入，以避免某一导入形式的弊端，达到优势互补的良好教学效果。如问题式导入和情境描述式导入相结合能起到在具体情境中愉快思考问题的良好效果，诵读式导入和诗词吟唱式导入相结合能起到读、诵、唱相融合，音乐、文字同感受等审美效果。

3. 语文教学导入技能的原则

中职语文课堂教学导入得好就可以抓住学生的心，中职语文课堂教学导入应遵循以下原则：

（1）启发性原则。启，即"开"之意；发，为"达其辞"。顾名思义，启发性原则是语文课堂教学导入应能开启学生的思维。而思维往往从问题开始，又深入于问题之中，与问题紧密相连。任何学生走进语文课堂时都带有自己特有的语文知识、经验和认知结构来的。而当接触新的语文教学内容时，学生都习惯把新的信息纳入自己原有的认知结构中去同化。从积极的角度看，这种同化是新的语文学习得以顺利进行的基础，因为学习就是学习者在原有经验的基础上主动建构的过程。但从另一个角度看，学生的语文学习若只是满足于此、停留于此，学生的思维水平就难有实质性的突破和提升。好的导入应该给学生设置思维上的矛盾冲突，着力于形成智力挑战，挑战学生的思维假定，让学生感到原有的认知结构无法解决新的语文问题。于是，原有的认知结构被打破，学生必须重新在更高层次上建构自己的认知结构。教师在导入时设置问题，就是要有效地干扰学生的认知结构，达到提高学生语文学习水平的目的。

（2）针对性原则。中职语文课堂教学导入必须针对教学内容、教学目标的需要和学生的特点而设计。从教学内容的角度来看，导入的内容要与教学的主题一致，导入必须能把学生带入预定的课题中，使其产生想学的愿望；从教学目标的角度说，导入是为实现教学目标服务的，是一节课的开头，应与整节课的教学目标吻合，并以之贯穿，为之服务；从学生的角度来看，导入是为了让学生学得更有效，使课堂教学更有利于学生语文知识和能力的全面发展。

（3）艺术性原则。中职语文教学既是科学，又是艺术，这是不争的事实，所以语文课堂教学导入要能运用艺术性的手段紧紧扣住学生的心弦。例如，运用语言的艺术：若为创设情境，教师的语言应富有感染力，使学生有身临其境之感；若为配合直观演示，教师的语言应通俗易通、确切精练；若为推理导入，教师的语言就应平实、严密、逻辑性强；若为设置悬念，教师的语言就应生动风趣且具有感染性、启发性。

（二）中职语文教学的讲解技能

语文课堂教学讲解技能又称语文课堂教学讲授技能，它是中职语文课堂教学中用语言传授知识、训练能力、启迪学生思维、提高文化素养的一种教学行为方式，也是教学中采用最普遍、最经常、最主要的教学方式，更是教学诸项技能中最基本的技能。

讲解技能的优点在于"省"和"有效"。"省"，指省时、省力、省钱；"有效"，指教师在单位时间内可以向学生传授知识，以使之形成能力，掌握方法，培养情感，提高思想文化素养。讲解技能的优点还在于教师的言行举止能潜移默化地熏陶感染学生多种优秀品质的形成。例如，教师语言的魅力、人格的尊严、书写的精美、思维的敏捷、敬业精神的展现、责任感的流露、文化道德修养的展现等，这些素质修养都会对学生起到榜样的作用，产生深化、活化和美化的良好效果。

讲解技能的缺点主要表现为三方面：①学生处于被动接受地位；②学生只听不动手，无直接的感性材料和亲身体验，实践操作能力弱；③学生只靠听，信息保持率低，尤其是满堂灌式的讲解。

1. 中职语文教学讲解的主要目的

中职语文课堂教学讲解目的与教学大纲和课程、课堂教学目标都是一致的，体现了讲解教学活动的教学方向。中职语文课堂教学讲解包括读、背和自然式（即席式）讲述。一般而言，读和背只能穿插运用。自然式讲述，生动活泼，效果会好些，学生也欢迎。但是，单纯讲解有其本身的局限性，它的目的范围也是有限制的。只有讲解与问答、讨论、板书、练习等不同教学技能相结合时，讲解的目的才能进一步扩大和发挥。中职语文课堂教学讲解目的有以下四个方面：

第一，传授语文知识。中职语文知识是上一教育阶段语文知识的进一步深化，比较深厚且广博，学生要能充分了解、理解、记忆和运用。

第二，激发学习语文兴趣。教育中要防止两种不同的倾向：一种是将教与学的界限完全泯除，否定了教师主导作用的错误倾向；另一种是只管教，不问学生兴趣，不注重学生所提出问题的错误倾向。中职语文教师不是"教书"，而是要运用讲解技能，促使学生形成学习语文的兴趣，并逐步形成志趣。

第三，培养语文能力。语文具有工具性。现代社会对学生的语文能力提出了新的要求。语文通过讲解培养学生听、说、读、写、思的语文能力。

第四，提升人文素质。只要是个人就懂得，汉语是我们民族文化的载体，记载着中华数千年的古老文化，蕴含着中华民族的独特性格，是中国人心灵之所，是汉魂所铸。语文能够提升学生的人文素质，传承和发扬中国文化，这是它的使命与责任。

2. 中职语文教学讲解技能的类型划分

中职语文课堂教学讲解技能的类型可根据不同的标准、层次划分，以下主要阐述四种类型：

（1）描述型讲解。描述型又称叙述型、记述型，指教师在教学中把有关内容描绘和叙述出来，以增进学生的感知。教学总是在一定情境中进行的，既然有情境就必须叙述和描绘。

中职语文中任何一篇选文描述的对象都离不开人、事、物、情和景。所以，教师讲授描述的内容就是人、事、物的发生、发展、变化过程和形象、结构、要素等。教师描述的任务在于使学生对文章中描述的事物、过程有一个完整清晰的印象，有一定的认识和了解。描述型又可分为以下三种：

第一，结构要素性描述式。结构要素性描述式是指教师注意揭示文章结构层次关系和文体要素间的关系，突出重点、抓住关键，注意运用生动形象的比喻和类比方法进行讲解的方式。例如，对于一篇小说体裁类选文，教师从情节、人物、环境等方面着手分析课文，以提高学生的阅读理解能力。

第二，顺序性描述式。顺序性描述式是指教师按文章中事物在时间、空间上发生、发展变化的先后顺序进行描述的方式。顺序性描述式可分为顺叙、倒叙、插叙、补叙、平叙等，但其时间顺序不能颠倒，此种描述要注意事物发展的阶段性，注意抓事物发展的关节点，而不是无重点、无要点、流水账似的叙述。

第三，描绘式。描绘式是指教师用比较生动形象的语言，具体地、鲜明地、逼真地再现人物、事件、景物状态和情境的一种方法和手段，它能把学生带入最佳思维状态，使学生有身临其境、如见其人、如闻其声的感觉。

由于描述型讲解的内容主要是事物的变化过程，因此所描述的知识多是形象性的、具体的，也是初级的。描述可以提供大量的材料，激发学生形象思维（如联想、想象）的发展。但是，描述难以胜任抽象知识的传授，也难以培养学生的逻辑思维（或说概念和理论思维）能力。描述型讲解是中职语文教学大量应用的一种讲解方式。

（2）解释型讲解。解释型又称讲析、说明、翻译型，通过讲析把未知和已知联系起来，根据讲析内容的不同可分为以下三个方面：

第一，意义解释式。意义解释式即教师对学习内容的内涵、意义或价值、原因等进行讲解分析。例如，《论语》《庄子》《三国演义》等的节选篇目就需要用此种讲解方式，还有文章的思想内涵、文化意蕴，古文中古今字意义的演变、语法、词类活用等也可采用意义解释式。

第二，结构、程序说明式。结构、程序说明式即教师把学习内容的结构、程序用言简意赅的语言准确、严密、条理清晰地进行讲解的一种方式。一个好语文教师的标志就是能把文章的思路脉络准确地呈现给学生，讲课有科学程序，层次条理清晰。

第三，翻译性解释式。翻译性解释式主要运用于古文的学习过程中，即教师对古文逐字逐句地串讲。

（3）论证型讲解。

第一，论说式。论说式是指教师用富于逻辑性的语言根据教材中提供的已知材料进行摆事实、讲道理、论是非，使学生在接受语文科学知识的同时，明白或懂得一定的道理。例如，论说文和科普说明文等的讲解就主要采用此种讲解方式。

第二，推理式。推理式是指教师利用学生已掌握的语文知识、材料推导出新知识的一种讲解方式。

第三，证明式。证明式是指教师为论述根据已知材料提炼出的某一思想观点、自然法则、思想情感的正确性，或者用事实、科学公理作为依据来证明某立论、法则、文化思想正确而采用的一种讲解方式。例如，对写作的法则、文体的要素、小说中人物的结局、情节的发展脉络等的讲解就多采用此种讲解方式。

（4）问题中心型讲解。问题中心型即以解答问题为中心的讲解。"问题"即未知，它从实际中来，以事实材料为背景。"解答"即由未知到已知的认知过程，认知的关键是方法。选择方法和具体解决问题，都离不开知识，也离不开思维能力。因为问题，可能是一个词、一句话、一个人物形象、一种文化思想、一种性格特征、一个场景描写等。总而言之，中职语文的问题中心型讲解具有一定的探究性，处理得当对启发学生思维、培养语文能力有好处。当然，要取得好的效果还需要把讲解与其他技能结合起来才会更加有效。

中职语文的问题中心型讲解可归纳为如下的一般程序：首先引出问题并明确标准，然后选择方法解决问题，最后得出结论。

3. 中职语文教学讲解技能的运用要求

（1）讲解要有目的性。讲解的目的性主要表现为两个方面：①目标要明确，内容要具体；②教学难点、教学重点要突出，教学过程要井然有序、层次分明、分析透彻。

（2）讲解要有针对性。讲解的针对性越强，讲解效果就越好。讲解的针对性主要表现为两个方面：①符合中职学生的生理年龄特点、思维特点、语文知识水平和认知能力；②切中中职学生学习中的薄弱点，满足中职学生学习的需要。

（3）讲解要有科学性。科学的才是合理的、有效的。讲解的科学性主要表现为四个方面：①讲解过程结构合理、框架清晰；②讲解过程条理清楚、层次分明；③讲解观点正确，证据、例证充分，并能透彻分析例证与新概念之间的联系；④讲解时间控制得当。

（4）讲解要有艺术性。讲解是语言的艺术。凡是艺术均是美的、有韵律和节奏的、和谐悦耳的。所以，讲解要做到五个方面：①语言流畅、准确、明白、生动；②善于启发学生思考；③能形成知识链接；④会收集学生的反馈信息，及时调整讲解的方式和程序；⑤能同演示、提问、板书等其他技能有机配合。

（三）中职语文教学的提问技能

提问，是教师制造悬念、引发思维、促进学习、实现教学目标的一种重要教学手段，也是检查学生知识掌握、理解运用和巩固复习情况的一种重要方法，还是师生之间平等和谐的一种沟通交流途径。课堂提问是一种艺术，通过课堂提问能训练学生的思维、形成技能，也能使教师不断完善自己的教学艺术。中职语文课堂教学提问技能，指教师在中职语文教学过程中实施提问的一种教学行为。

1. 中职语文教学中提问的原则

（1）目的性原则。目的性原则即教师应在课前设计好课堂上所提问题，问题应围绕着教学目标，根据教学重点和教学难点来发问。提出的问题应指向教材的知识因素、智力因素、情感因素、人文因素等，为学生的学习导航引路。引导之法，贵在善问，善问就在于问到点子上、问到目的上。要问知识点、能力训练点、情感渗透点，更要问得明白、问得有效。

（2）层次性原则。层次性原则即教师所提问题应适应学生的年龄、思维特点和知识水平、能力特征。所以，应设计多种水平层次的问题，面向全班学生提问，使全班每个学生的学习都能在自己的起点上得到不同程度的进步。课堂提问不在多而在精。一堂课教一篇课文，中职语文教师应围绕教学目标设计等主要问题，循序渐进，形成一条教学的思维链。

（3）趣味性原则。趣味性原则即教师设计的问题应能引起学生学习语文的兴趣，具有思考性，具有思维价值。

（4）启发性原则。启发性原则即教师设计的问题要有启发性，能启发学生的思维。

（5）评价性原则。评价性原则即教师要对学生的回答做出恰如其分的分析和评价。教师的评价要具有针对性、客观性和期望性。教师应对学生回答问题的情况进行实事求是的评价，是非分明、公平公正，做"科学的法官"，给学生以"求真"的教育。在评价时，中职语文教师要从掌握语文知识的广度、理解知识的深度、巩固知识的程度、答错问题的数量与性质、创新意识、口头表达能力等方面来综合评价。然而，在评价中无论是对学生进行肯定、鼓励还是对学生进行批评，教师必须真诚。

2. 中职语文教学中提问的作用

中职语文课堂教学中，教师对学生的提问是教学的常用方式。巧妙的提问能够有效地激发学生的思维，激发他们的求知欲，并为他们发现、解决疑难问题提供桥梁和阶梯，引导他们去探索达到目标的途径，促使他们在获得知识的同时增长智慧，养成勤于思考的习惯。提问主要具有以下作用：

（1）提问是引起学生学习活动的最好的刺激信息，具有激发学习动机和兴趣的作用。

（2）提问能促使学生定向思考学习，具有促使学生注意教材的重点、难点的作用。

（3）提问能诱发学生思考，具有培养学生思维能力和习惯的作用。学生学习经常处在静态之中，需要有刺激信息把静态学习变为动态学习。中职语文教师的提问就是"投石、点火、敲钟"，给学生以刺激信息，使他们学得生动活泼。

（4）提问能引导学生发现问题、分析问题和解决问题，具有完善学生智能结构的作用。

（5）提问能让学生得到充分的口语训练，具有培养学生口头表达能力的作用。

（6）提问能交流师生的思想感情，使教与学及时交流反馈信息，具有因材施教、有的放矢进行教学调控的作用。

（7）提问能活跃课堂教学的气氛，具有提高教学效率、加快教学进程的作用。

所以，教学的艺术全在于如何恰当地提出问题和巧妙地引导学生作答。提问是发挥学生主体作用、调动学生学习主动性的有效方法之一。它能变学生的静态学习为动态学习，变被动接受为主动发现，变默默聆听为孜孜探求，变注入式的教学为启发式教学。

3. 中职语文教学中提问的方法

中职语文课堂教学提问设计要有一定的技巧性。教师提出的问题，要问得开窍、问得"美"，能够启迪学生的智慧，确实渗透教师艰辛的劳动和创造性的才华。

（1）牵筋式提问。牵筋式提问从教材的思路、教学重点、学生学习难点出发，引导学生把握课文的关键。换言之，通过提问，把课文的"筋"牵出来，把课文的精华所在呼唤出来，把教学重点、学习难点拎出来，促使学生注意，引导学生思考。

（2）揭疑式提问。学生读书，往往一读而过，不留印象，究其原因则是不会"生疑"，因而领略不到文章的"妙处"，理解文章就不深，"长进"自然也就较小。在中职语文教学中，教师要善于引导学生"生疑""质疑""释疑"，培养他们发现问题、分析问题、解决问题的能力。另外，当学生在学习课文而似乎没有问题时，教师就要采用揭疑式提问，促进学生思考，有疑问才会有探究，才会寻根究底，从而真正理解和掌握知识。

（3）转弯式提问。转弯式提问也叫曲问、迂回问，它问在此而意在彼，需要学生开动脑筋，通过一番思索才能回答，这种提问富有启发性，能引导学生探究和发现，激起学生的思维。另外，教师通过曲问，对学生进行思维训练，学生回答曲问时，其思维流程也要"转一个弯"才能找到问题的答案，久而久之，学生的思维能力就能得到提高。

（4）辐散式提问。辐散式提问以某一个问题为中心，然后派生出许多小问题，从各个角度或不同侧面引导学生去思考。若干小问题解决了，那么中心问题也就会迎刃而解。

（5）创造式提问。在中职语文教学中，教师通过创造式提问，让学生通过想象去探索大千世界的一切，在正确理解教学内容的情况下，引导学生深入思考，在原教学内容的基础上进行加深和加宽，对课文中的人物、情节、场景产生再造想象，或者编织插叙，或者续补情节，或者改写人物等，启发学生展开联想、发挥想象，培养他们的创造性思维。

（6）比较式提问。为了巩固旧知、开拓新知，教师往往运用正比、反比、类比等方法提出问题，促进学生深入思考，从而有所发现、有所收获，这就是比较式提问。

（7）情境式提问。情境式提问依据教材创设情境，把学生带到设置的情境中去，切中时机地发问，它有助于学生回答问题，能丰富学生的情感体验，使学生感到学习的轻松愉快，体味到思考是人生的一种快乐。

（四）中职语文教学的学习技能

中职语文课堂教学组织学生学习技能具体如下：

1. 组织中职学生探究学习语文的技能

探究学习是从学科领域或现实生活中选择和确定研究主题，在教学中创设一种类似于学术研究的情境，通过学生独立自主地发现问题、实验、操作、调查、信息收集与处理、表达与交流等探究活动，获得知识与技能、发展情感与态度（特别是探索精神和创新能力）的学习方式和学习过程。与接受学习相比，探究学习具有更强的问题性、实践性、参与性和开放性。

探究学习本身反映的是一种学习方式和学习过程，这种学习是在课堂中教师有目的的组织、指导下进行的。教师表现出相应的教学行为，表明教师在运用组织学生探究学习的技能，具有探究教学的思想。

探究是多层面的活动。美国国家科学教育标准认为探究的定义包括观察，提出问题，通过浏览书籍和其他信息资源发现什么是已经知道的结论，制订调查研究计划，根据实验证据对已有的结论做出评价，用工具收集、分析、解释数据，提出解答、解释和预测，交流结果。由此可见，探究既是学习的过程又是学习的目的。探究学习是仿照科学研究的过程来学习知识，从而在掌握知识的同时体验、理解和应用的一种学习方式。

（1）组织学生探究学习语文的模式。探究学习是由理科开始推广应用到文科的，所以探究学习模式主要有科学探究模式和社会探究模式两种。完整的科学探究模式是：进入情境—提出问题—建立假说—制订方案—实施探究—得出结论—意义建构。社会探究模式的基本程序是：定向—假说—定义—引申—求证—概括。

第一，定向。定向即教师和学生对社会领域的某一问题敏感化，以便集中注意力对这一问题进行探究。问题可以产生于现实生活中，也可以产生于对阅读材料的反思，还可以产生于课堂之内的某个冲突，这一问题必须包含着让人迷惑的难以澄清的地方，或者与现有的解决方法有冲突。教师的任务就是帮助学生对这一问题敏感起来并概括出来，作为整个探究的起始点。

第二，假说。探究的第二阶段是提出一个假说，这个假说要尽可能清晰地表达出对现象的解释、原理和解决方法以及它们的前因后果，如学生可能提出这样的假说："通过学习语文，我们可以接触不同国家、不同时代的文化，可以引起价值观和思想的交流。"多种假说的提出，有助于学生从不同的角度探究事物之间的因果关系。

第三，定义。在定义阶段，学生对假说所涉及的词语的内涵有清晰的认识，没有歧义，才便于对问题情境进行交流。例如，学生提出的假说是："与不同民族的文化接触可带来文学创作的创新和进步。""创新"和"进步"是一个模糊概念，"创新"和"进步"的表现是怎样的、体现在哪些方面，评价标准不同，评价者不同，得出的结论就可能相异。为此，需要对其澄清或者是定义，或用师生都能认可的其他概念替代。

第四，引申。引申是指提出假说后，对假说的含义、假说和推论的形式进行深入的探讨。引申要求高质量并有一定深度，要检验它的逻辑有效性和内在的一致性。

第五，求证。求证即根据假说和定义的方向来收集事实和证据来支持假说。

第六，概括。概括即对问题解决方法的表述。概括主要有两种情况值得注意：一种情况是所探讨的问题找到了恰当的证据，能够得出结论；另一种情况是问题有两个或两个以上的假说，它们应该一起被保留下来。对于复杂的社会文化问题，得出一个绝对恰当的结论常常是不太可能的，总结只能是一个尽可能好的描述。

（2）组织学生探究学习语文的方法。

第一，设计情境，还原问题。知识的起点是问题，好奇和探究是人的天性，所以，有效的探究学习就是要想方设法创设问题情境，把知识点结果还原为问题，以此来激发学生的好奇心和探究欲望，让他们回到思维的起点寻找解决问题的办法，从而经历思维的整个过程：质疑—尝试—顿悟—理解—归纳。语文课堂的活力源于学生思维的活跃，而非表面的热闹。

第二，把握尺寸，多问少管。探究学习过程中，教师应该特别注意进行适时的、必要的、谨慎的、有效的指导。在语文课堂上，教师组织学生探究学习要组织学生、指点学生、引领学生。中职语文教师要做学生的"朋友"，对学生的探究活动要多观察、多了解、多倾听，必要时提点建议和帮助，供学生参考，做到"多问少管"。

第三，扩散与聚合有机结合。接受学习有利于学生在较短时间内掌握系统的、大量的语文学科知识，具有线性学习的特点；探究学习有利于学生就语文中某一个问题进行全方位、立体化的体验和探究，以达到对知识的深度理解与掌握，具有点性学习的特点。要解决知识掌握的质与量、深度与速度的矛盾，就要点线结合，实现由点辐射到线的联动学习。换言之，教师在组织学生探究学习时，不要把着眼点只局限于某一知识点、就事论事，而要考虑这一知识点的探究对整个语文学习乃至学生整体语文修养的提升作用，达到举一反三、融会贯通的效果。这就是对扩散与聚合的理性认识。

在操作层面上，考虑到探究学习语文需要时间较长而实际授课时数有限的矛盾，中职语文教师要具有将课堂探究延伸到课下、课外的意识和影响力，可以把探究课或分段设计，或分专题设计，或分项目设计等，而不必追求它的连续性。另外，在语文探究过程需要学生查阅图书馆资料或者进行课外调查研究等，在课堂现场无法完成的任务，可以留给学生独立的探究时间和空间，然后在下一次课堂上与上一次探究活动接起来。这样，既考虑到了探究活动的连续性和完整性，使每一次学习活动探究得较为全面，又注意到了探究活动的阶段性，在每一阶段内前后必须连续，但在两个阶段之间可以适当暂停。连续性是阶段性的基础，分阶段又是为了整个活动的连续性，两者相辅相成。

此外，中职语文教师要善于通过课题吸引、组织学生的注意力，把课堂上的聚合（共性问题探究）与课外的扩散（个性问题探究）有机结合起来，淡化课内与课外的界限，从课堂中心走向课题中心。

第四，注重学生探究技能的训练。

一是制订探究技能训练计划。探究虽然是人的天性，但学生的探究学习能力需要有意识的训练。学生需要通过完成多个任务，逐步掌握探究学习各个环节中的探究技能。中职语文教师最好能根据学生的语文知识基础，在一学年或者一学期之中，结合教学进度、教学计划、教学实践训练计划，从总体上设计出一套完整的探究技能训练计划，将各个环节的探究技能训练整合到语文学科知识、人文思想的学习之中。

二是探究技能整合训练。在语文教学中，要开展实质性的探究学习，教师要鼓励学生面对一个问题提出各种可能的假说，并指导学生设法收集各种证据验证不同的假说。在各组进行交流时，有的假说被证实，有的假说被否定，从而在各种正确或者错误的假说的对比中探美、建构出科学知识。虽然学生得出的结论可能和课本上一致，但经历的认知过程与接受学习是完全不同的。

在探究技能整合训练中，教师应注意培养学生的合作交流意识，让他们学会简洁明了地表达自己的思想、观点，同时善于倾听，从他人的发言中吸取有益的成分，补充完善自己的思考和设计。

三是探究技能的训练策略。中职语文教师可通过多种教学策略逐步帮助学生掌握探究学习技能。探究学习之初，教师可通过讲解、演示、举例、反馈以及迁移练习等环节，直接教给学生某种探究技能，然后让学生将这种探究技能迁移、应用到自己的探究学习任务之中。在探究学习过程中，教师可让学生参与几项探究活动，掌握诸如查找资料、分析处理资料、归纳结论等某种探究技能。教师可与学生共同完成探究学习任务。最初，教师承担的工作或者环节多一些，并注意将自己完成任务时的内部思维过程外化出来，让学生观察思考。随后，教师逐渐放手让学生多承担一些工作或者环节，并给予适当的指点、反馈，直到学生最后能承担所有工作为止。

2. 组织中职学生自主学习语文的技能

所谓自主，简而言之，就是为自己做选择，并为这些选择负责。自主学习，简单而言，就是学习者对自己的学习行为负责，自己是学习的主人，学习是自己的事，自己能够学，尽量自己学，不懂、不会的，在教师引导和同学的帮助下思考解决。

自主学习是学习者根据自身不同的学习需求，在整个学习过程中自我规划、自我管理、自我调节、自我检测、自我反馈和自我评价的自我构建过程。

（1）组织学生自主学习语文技能的表现。自主学习与"他主学习""被迫学习""机械学习"相对。如果学生在认知、动机和行为三方面都是一个积极的参与者，那么其学习语文就是自主的。认知指的是学生能够在学习的不同阶段进行自我反思，包括计划、组织、指导、监控和评价；动机是指学生从被动的学习变成主动的求知，由"要我学"变成"我要学"，视自己为有效的自律者；行为是指学生能够自主地创设有利于学习的最佳环境。

从学习语文的过程角度看，自主学习表现为：学生有明确的学习目标，有切合自身实际的学习计划，在学习过程中能对进度、方法和情绪进行自我反馈与调节，在学习活动后能进行自我评价与补救。

从学生的现有水平和内在品质角度讲，自主学习具有的特点是：自主学习是建立在学生具有内在动机基础上的"想学"，建立在自我意识发展基础上的"能学"，建立在掌握了一定学习策略上的"会学"，建立在意志努力上的"坚持学"。

自主学习不只呼唤学生作为学习主体角色的真正回归，同样呼唤教师主导角色的真正回归：为学生提供各种需要的、到位的、温暖的服务，为学生的学习与成长创设自由、和谐、快乐、尝试的体验场。在自主学习的语文课堂中，教师的活动更多地应该由"前台"退居到"后台"，提供各种语文学习服务和建议，点拨学习中的困惑，帮助、指导学生学习。

强调自主学习语文，并不意味着教师要当"操手族"，"无为而治"。教师应该研究自己作为教师该做的事。教师应该从过去的"主讲"转变为"善喻"，辅导中能巧妙引导，预习、复习中能规范要求，对学生的疑惑能适度启发打开思路。

学生自主学习语文要求教师关注的兴奋点发生转变，从关注学习转变到关注思想情感的培养、文化的渗透，从关注眼前的成绩转变到关注学生的生命状态。换言之，教师关注知识的传授的同时还要关注学生的情感、态度、观念、方法和自我管理等内容。

（2）组织学生自主学习语文技能的模式。自主学习语文活动是学生自主学习意识和自主学习能力形成和发展的基础。组织学生自主学习语文技能具体如下：

第一，把培养学生自主学习能力当作语文课堂教学目标之一。

一是培养自主学习语文的习惯。良好的学习习惯受益终身，不良的学习习惯受害终生。自主学习语文的习惯主要有预习、复习、使用各种工具书等。预习有三种层次：课前翻阅课本，看课本并做教材上的思考题，查找资料做深入研究。复习的习惯有助于整理归纳所学知识，形成知识结构。教师要有计划地给学生布置使用工具书的学习任务，让学生到图书馆去查找资料，独立地解决疑难问题，条件具备时，让学生到电子阅览室利用互联网检索并下载文件。

二是指导自主学习语文的学习方法。教是为了达到不需要教。自主学习就是要学会学习，即会阅读、会思考、会检索。①会阅读。阅读是基础，阅读摄入的信息为思维加工提供了必备材料。会阅读是指感知文字或图像的信息后，能通过自己的一系列思维活动从中提取、处理所需要的信息资料。②会思考。思维能力是自主学习语文的核心能力。思维能力决定学习能力。教师要有意识地引导学生在阅读过程中进行独立思考、分析与判断、演绎与归纳、发散与收敛等思维活动，形成思维能力，完善思维品质。③会检索。检索是自主学习语文的一个重要手段。在信息时代，学生一定要学会资料检索。教师要有计划地拟定研究课题，使学生通过查找各种资料，形成检索、筛选、整理、分析和判断等能力，学会自己自助解决学习问题。

三是提升自主学习语文的能力。自主学习能力是指学生根据教师要求自立学习目标、自定学习资源、自选学习方法和手段、自控学习过程等能力。①自立学习目标是指学生根据自己的情况或是只完成教师要求即可，或是自我增加，或是自我拓展延伸学习目标。自立学习目标让每个学生都能品尝到成功的喜悦。②自定学习资源是指学生根据自己的学习需求选择、开发和利用学习资料。自定学习资源能让每个学生的学习兴趣得到持久性的保持，学习欲望得到不断的增强。③自选学习方法和手段是指学生根据自己的学习效率选择学习方法和手段。自选学习方法和手段能让每个学生的特性得到发挥，学习能力得到加强。④自控学习过程是指学生自主学习过程中，学习的失败感、挫折感、焦虑感等多种情绪情感必然会伴随他们，教师要帮助学生形成正确客观的自我认识、自我评价、自我监控和管理能力。学生科学、合理地调控自己的情绪和心态是自主学习语文的有力保障。

第二，确立与自主学习语文相适应的教学观。语文教学的目的之一在于全体学生进行有效学习，按自己的性向得到尽可能充分的发展。所以，教师要树立相信学生和摆正教师的主导地位的教学观念。

一是相信学生。自主学习就是要把学生"被动学""不想学"的状况转变为"想学""能学""会学""坚持学"的境界。所以，相信学生能激发学生无穷无尽、坚忍不拔、不懈进取的力量。相信学生，给了学生人格上的尊严、情感上的支点、精神上的亮点。信任的力量鼓舞着学生战胜一切学习困难，收获成功的喜悦。

二是摆正教师的主导地位。在学生自主学习过程中，教师主要起着重要的引导和管理作用，具体表现为把握学习方向的正确性、掌控学习过程的合理性、尊重学习方法的多样性、提供学习资源的丰厚性、保障学习效果的有效性、实现学习效率的高效性、加强学习环境的监管性等。教师的主导地位是自主学习顺利进行的科学保障。

第三，采用自主学习语文的教学模式。

一是问题推进式。语文课堂教学是在提出问题、解决问题的过程中推进的。问题推进式的教学结构是：设置学习情境—提出问题—解决问题—归纳总结。

二是启发讨论式。启发讨论式是一种以问题为核心，以学生在自主学习的基础上相互研讨为主的教学模式，它为学生创造了一种发挥各自才能和多向交流的条件。启发讨论式的教学结构是：布置课题、提出要求—学生自学、检索阅读—小组讨论、组间交流—教师评价、课题总结。

三是实践探究式。语文学科相对于其他学科而言，其实践探究性很强。实践探究式即在教学中把文化价值、作品主题、人物形象特征和艺术手法等设计成问题，让学生充分实施实践、分析、探究活动，这种教学模式的实质是实践—认识—再实践—再认识，强调理论和实践相结合，为激发兴趣、培养学生的辩证思维提供了机会。

四是品读鉴赏式。语文中许多作品都是文质兼美、意蕴丰富的文化资源，我们必须通过品读欣赏才能细细品味其中写作手法的巧妙、情节线索的惊心动魄、人物形象的丰满魅力、语言描绘的精妙绝伦等。

第四，让学生体验成功的喜悦，增强学生继续学习的欲望。中职语文教师在教学中应当善于为每个学生都提供成功的机会，使其感受成功的快乐，增强继续学习的兴趣。

中职语文教师还应重视并善于利用同伴评价的作用。一个人如果总是处于某个相对稳定的群体之中，那么这个群体对个体的评价和看法会产生直接而巨大的影响。对中职学生而言，班级是他们生命中最为重要的、相对稳定的生活世界，同学、伙伴的评价和看法将直接影响他们的学习状态和生活质量。从内在需要来看，从每个中职学生向往美好的心态来看，他们都期望能够获得同伴的认可。

中职语文教师给学生提供更多互相交流、共同切磋的机会，可使学生更多地体验互相帮助、共同分享的快乐，并能从同伴的评价中验证和修正心目中的自我，使学生对自我的认识和评价更为真实、准确、客观、全面，这将为他们后续的自主学习语文奠定坚实的基础。

3. 组织中职学生合作学习语文的技能

中职语文课堂教学中合作学习的重要目标就是帮助学生们感受语文课堂的丰富魅力，语文课堂教学中合作学习注重以学生之间的相互合作来引导学生们体验语文课堂中独特魅力，感受语文学习生涯中的团结协作，体现了学生们在语文课堂教学中的主体地位。合作学习的内涵主要有五个层面：一是合作学习是以异质小组（3~5人）为基本形式的一种学习活动；二是合作学习是以学习动态因素的互动合作为动力资源的一种学习活动；三是合作学习是一种目标导向的互助学习活动；四是合作学习是以团体成绩为奖励依据的一种学习活动；五是合作学习是一种既有明确分工又有相互合作的同侪团队性学习活动。

（1）组织学生合作学习语文的任务。组织学生合作学习语文技能是指中职语文教师以小组合作形式组织学生共同完成学习任务，并以小组总体成绩作为奖励依据的一种教学行为，它主要包括合作学习语文小组的科学建构、合作学习语文的技能建构、合作学习语文评价方式的多元性建构等。

第一，合作学习语文小组的科学建构。合作学习语文小组的科学建构原则是组内异质、组间同质。组内异质是指在同一个学习小组内的成员分别在听、说、读、写、思等多方面具有好、中、差级别的差异。组间同质是指各个学习小组彼此之间的语文学习整体实力基本相当，语文素养没有较明显的差别。

第二，合作学习语文的技能建构。合作学习语文的技能建构主要包括语言表达技能、倾听和概括技能、思维碰撞技能、目标评价技能、团结协作技能等的建构。

一是学生语言表达技能越高，驾驭语言文字能力越强，沟通越有效，合作学习就越容易获取成功。

二是倾听和概括是大脑快速对他人的思想观点进行分析和加工的一个思维过程。倾听和概括技能要求做到凝神静听、快速思考、抓住重点、高度概括。良好的倾听和概括技能使合作伙伴受到尊重，从而促使学习氛围浓厚、合作积极主动。

三是思维碰撞是合作学习语文中必然产生的一个合理现象，这是由于每个学生对同一个问题的思维切入角度、思维过程、思维方式、思维品质，语文知识的宽厚度、深广度不同而产生的，也正是这种思维碰撞使合作学习的质量得到提高，学生的语文素养得到不同层次的完善，学生的人文素质得到加强。

四是目标评价技能是指每个小组成员在评价自己和他人合作学习行为时，能以目标是否实现作为评价标准。目标评价技能能有效地保证合作学习时小组学习方向不会发生改变，并增强团队意识。

五是团结协作技能是指每个小组成员都要有协作精神、集体荣誉感、团队意识，能虚实结合、互补互助、去异求同，有大局意识和服务精神等。团结协作技能是学生合作学习任务顺利完成的充分且必要的条件。

第三，合作学习语文评价方式的多元性建构。合作学习语文评价方式主要有形成性评价与终结性评价相结合，定性评价与定量评价相结合，学生自评与互评、小组综合评、教师评价等相结合等。

一是形成性评价是对学生小组合作学习语文过程中的态度、所取得的成绩以及所反映出的情感、策略等方面的发展做出的评价，是基于对学生小组学习全过程的持续观察、记录、反思而做出的发展性评价。终结性评价是对小组合作学习的最后结果进行的总评价，两者的目的都是为了激励学生学习语文，使用语文，传承中华传统文化，发扬中华文明，深刻感受中国博大而精深的文化内涵，增强民族自豪感等。

二是定性评价充分体现了语文学科的人文性特点，定量评价则充分体现了语文学科的工具性特点。语文对生命的尊重、对人文精神的关照、对文化传统的继承、对学生文化品位和审美情趣的培养提升等，只有通过定性评价才科学合理。

三是学生自评和学生互评是指在合作学习语文过程中，学生对语文知识和各种语文能力、学习习惯、合作技能、思想行为等进行自我评价和互相评价。自评和互评摆脱了传统的被人评价、被人区分的评价客体地位，增强了学生学习语文的积极性和主动性。小组综合评主要侧重于学生合作学习的团结协同精神和竞争意识。教师评价主要侧重于学生学习语文过程中的语文学习方法、语文能力、语文素养、语文情感等过程性评价。

总而言之，中职语文教师要掌握组织学生合作学习语文技能，从而组织学生有效地合作学习语文。

（2）组织学生合作学习语文的模式。

第一，平行合作式。小组成员先根据学习目标进行分工，然后每个成员完成自己所分配的学习任务，接着大家交流概括，得出结论。平行合作式模式的实质是：拆分目标—分头完成—汇报交流—概括总结。这是一种平行分工合作学习的模式，是把学习目标拆分再合并的过程，这种模式的优点在于可以使学生对学习内容进行全方位、立体化的解读、欣赏和评价。

第二，接力合作式。合作小组把学习目标按照逻辑顺序排列，小组成员如同接力一样来完成属于自己的那部分学习任务。接力合作式模式的实质是：排列目标—实现目标—合作交流—得出结论。这种模式在实施过程中要求对学习目标进行逻辑排序，一步一步推进，每一步由一个成员完成，这个过程如同接力一样，每人必须完成自己的路程，然后把棒交到下一个人手中。这种合作方式的优点有三：一是训练了学生的逻辑思维能力，教他们学会了循序渐进、层层深入的学习方法；二是充分发挥了学生的长处；三是激励了学生的责任感和进取心。

（五）中职语文教学的板书技能

板书，就是教师在上课过程中为了实现教学目的而有计划地书写在黑板上的文字语言和图标符号，它是教师为了引导学生学习课文，依据教学内容将知识信息重新编码，高度概括化、图表化后给学生准确、清晰的印象的过程，也是教师进行教学活动、提高教学质量的辅助手段和重要措施。

板书技能是教师运用黑板以凝练的文字语言和图标符号等传递教学信息的教学行为方式。语文课堂教学板书技能是指语文教师运用凝练的文字语言和图标符号等，对文章的结构线索、中心思想、人物形象、艺术特色等，加以科学的分析、严谨的提炼、合理的编排并艺术地体现出来的教学行为方式。因此，好的板书不仅能正确揭示教材精华，展示教学过程，而且能启发学生的思维，强化记忆效果，提高教学效率。好的板书，集教材编者的"编路"、作者的"文路"、教师的"教路"、学生的"学路"于一体，是组织教学的导游图，是课堂教学的眼睛，是教学内容的核心纲领。

1. 中职语文教学中板书的意义

板书对学生科学高效的学习具有以下重要意义：

（1）板书能长时间向学生传递教学信息。板书无疑是一种传递信息的视觉媒体，是教师口头语言的书面表达形式。板书能弥补教师口头语言表达的不足，使学生听得更准确、更清晰，具有增强语言表达效果、易被学生接受、加深学生记忆的作用。正式的主板书一般会保留到下课，它不像教师的口头语言或电影电视、信息那样转瞬即逝，可以较长时间地表现某些重要的教学信息。

（2）板书具有很强的直观性。直观性是教学的一条重要原则。教学需要利用实物直观和语言直观来完成教学任务。板书以及投影、录像中的文字、图像显示等可以用来进行直观教学，所以运用板书进行教学能提高教学信息的识记率，可以减轻学生学习的负担，符合心理学的感知原理，能实现直观教学。

（3）板书是功能多样的"器"。板书是语文课堂教学的重要手段，它能体现教学意图，落实教学目标，是个灵活的"显示器"，巧妙地给学生指点迷津；它对知识进行编码组合，提纲挈领，是个"整流器"，整合着思维的理解记忆；它揭示学习重点和难点，激发求知欲望，是个"起动器"，鼓舞着学生涌入知识殿堂；它节省教学时间，提高效率，是个"指示器"，指引学生科学前进；它布局朴实美观，魅力十足，是个"吸引器"，吸引学生注意力高度集中；它的字体或笔走龙蛇，或美女簪花，或剑拔弩张，是个"临摹器"，行云流水的板书对学生热爱祖国的语言文字和练就一手好字起着有形的教育、无形的鞭策作用。

（4）板书是教学的有效手段。板书是教师的微型教案，它是展示教学任务的"屏幕"，目标明确，学有方位；它是引人入胜的"导学图"，指点学生登攀，登临极顶，获得"一览众山小"的愉悦；它是开启学生思路的"钥匙"，令学生思维敏捷、豁然开朗；

它是学生听、说、读、写结合的"桥梁"，使学生能力沟通，各得其所。

综上所述，作为一名中职语文教师，必须重视板书，讲究板书艺术，发挥板书的教学作用。

2. 中职语文教学中板书的要求

板书是课堂教学的重要组成部分，是教师使用频率最高、效果最明显的教学手段。语文板书是语文教师根据教学需要在课堂上进行表情达意、教书育人的书面语言。那么，中职语文教师进行板书必须遵循以下方面的要求：

（1）布局合理、分清主次。布局合理指黑板上书写的文字、图表等安排周密紧凑、匀称协调、美观大方、主次分明。一块黑板犹如一张长方形大纸，应有天头、地脚之分。天头正中书写讲课的课题，然后从上至下工整书写。地脚应略有空余，不应写满，这一是因为教师书写不便；二是因为讲台会遮挡学生视线。一块黑板又好像一帧长方形画轴，板书应从左至右顺势展开。

板书布局常见的有三种：①中心板。以黑板中心为主板，两侧留有少许板面，以供辅助板书用。②两分板。板面一分为二，左侧为主板，右侧供辅助板书用。③三分板。以黑板左侧为主体，中间部分为副板，右侧则为机动。

（2）深入浅出、直观形象。板书设计就是一个去粗取精、深入浅出的过程，因此板书语言应简明扼要、高度凝练概括，形式应直观形象、一目了然，既吸引学生注意力，又能留下深刻印象。

（3）条理清晰、美观醒目。板书要条理清楚、层次分明、一目了然、美观醒目。板书设计要让学生从中得规律、得要领、得方法，便于储存、便于记忆、便于思维。板书时，字要写得工整醒目、规范得体，给学生美的享受。

（4）形式多样，时机得当。

第一，形式多样。①提纲式。简明扼要地概括出教学内容的重点，板书的字、词、句是章节、段落内容的概括，有代表性，起画龙点睛的作用，且必须正确，按教学顺序依次书写。②表解式。把所授内容按归属关系用大、中、小括号相应囊括，使其层层展开。③图示式。采用边讲边书的形式，内联外延，特别是自然科学课程，如生物课绘图讲解，形象直观便于学生掌握。④表格式。把应比较的项目列于一侧，比较内容由学生填答。复习课可用此类，较系统。

第二，板书时机要顺序得当。板书时机一般分为三种：①先讲后书。分析、归纳前述内容，提出结论后再板书。②先书后讲。对一些抽象难懂的概念，先书后讲，逐字逐句分析，以达到消化理解的目的。③边讲边书。利用师生双边活动关系，一边讲解一边板书，并结合其他教具的使用，以调动学生的积极性，拓展学生的思维。

可按具体的内容以及学生的知识水平选择不同的板书时机，以学生掌握为准。

（5）速度适宜，字体规范。

第一，速度合适。板书是课堂的艺术，但在实践中，特别是经验不足的教师往往出现两种倾向：一是书写过快、字迹潦草、边书边擦，学生来不及思考；二是书写过慢，给学生思想开小差创造了机会。因此，板书的速度要适宜，以增加课堂教学的密度和节奏感。

第二，板书的字体要规范工程。板书字体大小应根据教室大小、听课人数多少来定，以最后一排学生能看清为标准。如遇特殊要求，为引起学生注意和强化记忆，可大书特书，亦可用不同颜色的粉笔来表示，如绘图时用不同颜色表示不同部分，使学生一目了然。字体应力求规范工整，不要生造简化字。若是草书，须保证学生能辨认。字要写得正，音要读得准，使学生从一个教师身上就能获得多方面的文化知识修养。

3. 中职语文教学中板书的原则

（1）概括性的原则。一篇课文从内容到形式，从语言文字到思想情感再到文化内涵，从局部到整体，可谓包罗万象，我们不可能事无巨细、不加选择地把这些都纳入板书之中，而要抓住重点，提炼概括成标题式语言，用线条连成一个有机整体。板书不是课文内容的简单重复，而是画龙点睛的启示，能引起学生进行由表及里、由此及彼的思考。有经验的教师善于运用分析综合、抽象概括、演绎归纳的思维方法，使板书提纲化、概括化、浓缩化。

（2）系统性的原则。课文本身是按作者构思或组材的线索组织起来的。板书要反映课文的特点和规律，必须具有系统性。首先，板书的系统性取决于课文的系统性；其次，人的认识活动有一定的规律，这个规律就是由表及里、由简到繁、由浅入深、由此及彼、由感性到理性、由简单的概括到复杂的概括，板书设计必须遵循认识活动的规律；最后，从大脑活动来看，人的大脑皮层形成的暂时联系是在无条件反射的基础上形成单一的暂时联系，再到多级的暂时联系，再到复杂的暂时联系系统，所以板书应从不同角度、用不同方法把知识加以系统化。知识的分类和系统化可以使学生正确认识事物之间的各种联系和关系，可以扩大和加深学生对教材内容的理解。

（3）艺术性的原则。板书作为教学活动的一种手段，不应该囿于一个程式，而要根据不同的教学内容以及学生的实际，采取灵活多样、直观形象的模式。如果板书采用凝固不变的模式，那么长此以往，非但无助于学生概括水平的提高，反而使学生思想僵化。教学一篇课文可从不同角度、不同方面精心构思板书，做到形式多样化、内容系统化、结构整体化、表达情境化，做到庄重端正、大小有序、布局得当、色彩协调、科学合理。

（4）统一性的原则。美国心理学家布鲁纳强调图示材料的呈现与指导语的配合要得当。

同样道理，图表板书的呈现要与讲授配合好。一般而言，在图表结构的讲解中，复杂的图表分为几个部分逐渐呈现比全部一次呈现为好，这项研究也说明一个整体板书不能一下子全部端出来，而应该随着教学的进程，按教学步骤边讲边板书，逐渐形成一个整体板书。

（5）目的性的原则。教师教的目的是"教而后不教"，学生学的目的是"学以致用"，没有目的的教与学都是徒劳的。因此，教师必须在板书设计中考虑为什么要这样设计，或者说考虑这样设计能产生什么效果。好的板书设计应该有明确的目的性，这集中表现在以下三个方面：

第一，辅助性。对于教师而言，板书的确是教师完成教学任务的一个必不可少的辅助手段。但板书的目的决不能停留在此，因为教学的主体应是学生，好的板书更应是学生学习的辅助手段。不然，板书就会流于形式，对教与学都没有实际意义。

第二，启发性。教学思路的新颖会对教学产生很多有益的启示。同样，板书设计要在能辅助学习、教学的同时，对整个教学过程产生新颖有益的启发，就必须考虑如何选择设计的切入点、如何逐步逐层添枝加叶、如何条分缕析整理内在关系，而不是平板、直线性地照抄原文。好的板书一定有很强的启发性。

第三，迁移性。板书作为阅读方法的组成部分，同样也具有迁移性。教师应通过对一篇文章的板书设计，让学生领悟此类文章的设计方法，触类旁通，迁移运用，在学中职语文知识的同时，积累学知识的方法，培养学知识的品德，顺应素质教育在知识、方法思维、心理思想品德等方面的要求，真正成为素质型人才。

4. 中职语文教学中板书的技巧

板书的技巧形式很多，有整体设计的，有局部设计的；有系统的，有散的；有综合性的，有单向性的；有文字式的，有符号式的，有图示式的，有线条式的，有表解式的；有连贯性的，有间断性的；有提纲挈领的，有内容摘要的；有评注性的，有摘要性的；有反映故事情节的，有反映人物活动的，有反映结构特点的，有反映思想感情的；有强调性的，有示意性的等。板书设计常用的技巧方法主要有以下方面：

（1）概括法。概括法主要有结构式、回环式和符号式三种形式。结构式是概括揭示课文结构特点的板书。回环式是用回环的形式概括出有关内容之间关系的板书。符号式是以符号或字母代替文字做出概括性示意的板书。

（2）归纳法。归纳法主要有三种形式：词语式、单项式和专题式。词语式是对围绕主题或者中心的一系列关键词语进行归纳设计的板书，这种板书便于学生把握主题或中心。单项式是根据教学内容的某一项单独归纳予以列出的板书。专题式是对教学内容的某一点或教学过程的某个环节按归纳过程而设计的板书。

（3）简析法。简析法主要有导游式、线索式和层递式三种形式。导游式是分析解释游览踪迹和景物特征的板书。线索式是根据文章的线索分析而设计的板书。层递式是根据教学内容逐层阐发、步步深入、由此及彼、由表及里而设计的板书。

（4）分类法。分类法主要有排列式、多列式和对称式三种形式。排列式是按照论证的过程分门别类组织的板书。多列式是按照一篇课文的几个相对独立的内容分别设计的板书。对称式是根据教学内容设计的板面对称的板书，它将具有互逆关系的知识用对称的形式揭示出来，能体现一种对称均衡的美感。

（5）提要法。提要法根据文章体裁，或按情节发展顺序，或按文章线索，或按论证层次等特点，紧扣文章的关键、要点进行板书设计。这种板书提纲挈领，能帮助学生理清课文的思路，整理自己的思维。提要法根据不同的教学需要主要有提纲式、强调式和直线式三种形式。

提纲式是把教学内容提纲挈领地区分为若干部分，用标题式的语句揭示出来的板书。提纲式主要有段落提纲、情节提纲、人物分析提纲、景物描写提纲等。段落提纲是依据课文内容，把课文划分成若干段落，用简练的语言加以概括，分条写出来。情节提纲是按照故事的发展过程，依据情节的开端、发展、高潮和结局等阶段，列出提纲，帮助学生熟悉课文，理解情节的意义和作用。人物分析提纲是从人物的外貌、语言、行动等不同方面列出提纲，对人物形象进行分析，做出准确的评价。景物描写提纲是根据教学要求，把课文景物描写的部分，用精要的文字概括出来，使学生认识到景物描写的方位性、层次性以及作用。此外，还有说明顺序提纲和论点论据提纲等。

强调式是对一些重要内容或需要学生辨析清楚并牢记的内容，采用不同色彩的粉笔，通过不同的字体和线条加以强调、突出的板书。直线式是把课文内容用直线穿起来表示重点提示的板书。

（6）综合法。综合法主要有总体式、多课式和联系式三种形式。总体式是从内容要点、结构布局、写作特点、词语句法等方面进行总体设计的板书。多课式是根据两篇或两篇以上的课文的异同点而联合设计的板书。联系式是穿针引线，把纵横两个方面的知识沟通起来，形成知识的联系的板书。

（7）描状法。描状法主要有图示式、网状式和配画式三种形式。图示式指用图形来表示事物的方位、结构、布局的板书，这种板书能使学生得到直观形象的感受。网状式是根据课文内容各部分的联系，以网络形式描述事物间相互关系的板书，这种板书能培养学生的观察、推理和归纳能力。配画式是用简笔画描绘诗文意境的辅助性板书，因为简笔画也是一种变式板书。

（8）比较法。比较法是抓住课文的内在要素，从教学实际出发，运用板书进行比较，使学生领悟课文内容。比较法主要有类比式、对比式和衬托式三种形式。类比式是根据对两个或者两类事物间相同或相似方面进行比较，从而做出相同属性的结论的板书。对比式是通过多方面对比确定其优劣的板书。衬托式是分析课文中描述对象之间的烘托、映衬关系而设计的板书。

（六）中职语文教学的结束技能

中职语文课堂教学的结束技能，指一节语文课将要结束时，教师要用简明扼要的语言进行归纳小结，需要将学生所学的分散的知识集中起来，进行系统的教学总结，帮助学生完成由感性认识到理性认识的飞跃，起到对整堂课的教学内容进行巩固和强化的作用。

语文课堂教学结尾是课堂教学必不可少的环节，是教师智慧的结晶，也是衡量一个教师教学艺术水平的标志之一。如果课堂教学有头无尾，不仅导致一堂课的教学不完整，而且直接影响到教学效果。

1. 中职语文教学结束技能的类别

（1）归纳式的结束技能。归纳式结束技能是指在语文课堂教学的结尾，教师引导学生对课堂教学内容进行小结，做到纲举目张，完成读书由厚到薄、由博返约的学习过程。有时，也可以先启发学生小结，然后教师加以补充和订正。

归纳式结束技能，是对要求学生掌握的知识点、教学重点、学习难点进行归纳，使其显豁突出，让学生在原学习的基础上再理解、再提高，进而完全掌握，这个结束语归纳了诗歌的重点内容，突出了诗人的思想，总结了诗歌的艺术特色，使学生进一步明确了诗歌的妙处。这个结束语语言优美、引经据典、饱含深情，像拨亮一盏灯，满堂顿时生辉，又似金线串起散落的珍珠，水到渠成地完成了一件艺术珍品，使人深思，引人遐想。

语文课堂归纳式结束，可视教学的具体情况灵活设计，可用简明扼要的语言归纳要点，强调应掌握的主要知识，也可以提问学生，依反馈信息进行总结，还可以指导学生重读课文的重点段落，强化学生印象。

（2）畅想式的结束技能。畅想式结束技能是指在语文课堂教学的结尾，学生从不同角度发表自己的意见，教师暂不做结论，让学生依据课文的中心或主题、基调，去自找结论，形成某种悬念，深化学生的思维，点燃学生智慧的火花。

（3）点睛式的结束技能。点睛式结束技能是指在语文课堂教学的结尾，教师用精练的语言对本堂课的重点、难点、关键点、要害点进行点染，弥补学生的疏忽，把他们从漫不经心中呼唤出来，使他们完成从感性到理性的飞跃，从而将知识化为营养而加以吸收。

（4）开拓式的结束技能。在中职语文课堂教学中，当学生已经取得了某一方面的知识时，为了加深拓宽学生的视野，教师常常跳出教材，把他们的眼光引向课外，开辟广阔的课外阅读空间，让他们自己去获取知识。开拓式结束技能是指在语文课堂教学的结尾，教师结合教学内容，或者鼓励学生主动去探究，或者要求学生用所学知识进行实践，或者水到渠成地给学生介绍课外读本，或者造成悬念引导学生到课外去涉猎同类相关知识，或者课内学习的是节选文字，课外则指导学生去阅读原著等。

（5）撞钟式的结束技能。撞钟式结束技能是指在语文课堂教学的结尾，为了引起学生对课文内容进行深入理解，促其回味、咀嚼，针对教学重点、难点，教材特点，文中的名言警句，独到的写作方法等，教师予以扼要的强调，重锤敲打，使学生得益较多，这种结束如同撞钟一样，让洪亮的钟声弥漫课堂。

（6）链索式的结束技能。语文课有其内在的科学性、系列性和阶段性，要求教师课课相连、环环相扣。特别是在单元教学中，一课的结尾既是旧课留下的脚印，又是新课的起步；既是旧知的暂时终结，又是新知探索的开始。这种结尾具有瞻前顾后的榫接作用、新旧知识联系的桥梁作用、知识勾连的过渡作用，这就是链索式结束技能。

（7）反馈式的结束技能。为了改进语文课堂教学，探索新的教法，教师常常举行公开课、试验课、研究课、观摩课等，进行教研活动。对于这类课的结束，有很多教师要求学生写听课记或评论本课教学，及时获得反馈信息，以权衡利弊、掂量得失，最终改进课堂教学，这就是反馈式结束技能，这种结尾既可以直接了解学生的听课能力、分析能力、概括能力，同时又能倾听学生的心声。

综上所述，结束技能是语文课堂教学技能的一个重要的有机组成部分，决不能掉以轻心。著名的语文教育家叶圣陶表示："结尾是文章完了的地方，但结尾最忌的却是真个完了。"这虽是对文章结尾的要求，但同样适用于语文课堂教学的结尾。

2. 中职语文教学结束技能的原则

（1）推进教学目的的原则。一般而言，在起始环节要提出教学目的，在中间环节要推进教学目的，在结束环节要深化教学目的。作为操作结束环节的结束技能，运用时就必须体现教学目的，或由教师讲述，或由学生品读，或组织学生讨论，或布置作业练习，或安排小型测验。不论采用哪些形式和方法，都要为完成本课本次的教学目的服务。

（2）体现教学重点的原则。语文课堂教学内容的重点是教学目的的重要体现，是教学的主攻方向，是要在教学过程中重锤实敲的焦点。因此，在结束环节运用技能也必须突出教学重点。一堂课的内容是多方面的，在教学过程中，一些次要的教学内容与重点内容一起呈现在学生面前，重点内容有可能淹没于次要内容之中，使学生不易认识和记忆。教师在运用结束技能推进结束环节时，就要采取适宜的形式和方法，突出教学重点，加深学生的理解、记忆和思考，从而有效地完成教学任务。

（3）加强素养教育的原则。教师应从语文课程的特点出发，对学生从语文知识、能力、智力、审美品德等方面加强素养教育，具体到结束环节的教学活动，则尤其应该强化整体素养教育，这是因为结束环节是总结归纳前面环节的教学内容、集中体现和完成教学目标的环节。运用结束技能体现和完成教学目标，强化学生的素养教育，就成为课堂教学环节的基本要求和规定任务。在结束环节中，无论是总结知识、培养能力的活动，还是发展智力，进行审美教育、思想文化教育的活动，其活动价值都不是单一的，而是彼此相连的、相互促进的综合素养教育。此外，语文课堂结束技能还要遵循简洁明快、干净利落的原则，结尾要与开头呼应、脉络贯通的原则等。

二、中职语文的教学模式

（一）中职语文的互动教学模式

"为了夯实中职学生语文基础，课堂上应以学生学习为本，以知识的实践运用为目标，建立中职互动教学模式，通过改变学生学习态度、设计具有互动性的教学课件、教师与学生多方面互动等多方面的策略达到高质高效的课堂目标。"[①]

1. 互动教学模式的类型划分

（1）主题探讨法。主题探讨法是任何课堂教学都有主题。主题是互动教学的"导火线"，围绕主题写文章就不会跑题，类似于基础教育的"主题班会"。其策略一般为：抛出主题—提出主题中的问题—思考讨论问题—寻找答案—归纳总结。教师在前两个环节是主导，学生在中间两个环节为主导，最后教师进行主题发言，也可请学生代表做主题发言。主题探讨法主题明确、条理清楚、探讨深入，充分调动学员的积极性、创造性；缺点是组织力度大，学生所提问题的深度和广度具有不可控制性，往往会影响教学进程。

（2）问题归纳法。问题归纳法是将教学内容在实际生活的表现以及存在问题先请学生提出，然后教师运用书本知识来解决上述问题，最后归纳总结所学基本原理及知识。其策略一般程序为：提出问题—掌握知识—解决问题。在解决问题中学习新知识，在学习新知识中解决问题。问题归纳法目的性强，理论联系实际好，提高解决问题的能力快；缺点是问题较单一，知识面较窄，解决问题容易形成思维定式。

（3）典型案例法。典型案例法是运用多媒体等手法将精选个案呈现在学生面前，请学

---

①李沅珍. 浅谈新课程理念下中职语文互动教学模式的建立［J］. 新一代（下半月），2015（9）：21.

生利用已有知识尝试提出解决方案，肯定正误方案，设置悬念，然后抓住重点、热点进行深入分析，最后上升为理论知识。其策略一般程序为：案例解说—尝试解决—设置悬念—理论学习—剖析方案。典型案例法直观具体、生动形象、环环入扣、对错分明、印象深刻、气氛活跃；缺点是理论性学习不系统不深刻，典型个案选择难度较大，课堂知识容量较小。

（4）情境创设法。情境创设法主要依靠教师在课堂教学中设置启发性问题、提高学生思维活跃度和创造性解决问题的场景，其策略程序为：设置问题—创设愿景—搭建平台—激活学员。情境创设法课堂知识容量大，共同参与性高，系统性较强，学生思维活跃，趣味性浓；缺点是对教师的教学艺术水平要求高、调控能力强，学生配合程度要求高。

（5）多维思辨法。多维思辨法是把现有定论、解决问题的经验方法提供给学生，让学生挑刺，提出优劣加以完善，还可以有意设置正反两方，在争论中明辨是非，在明辨中寻找最优答案。多维思辨法策略程序为：解说原理—分析优劣—发展理论。多维思辨法课堂气氛热烈，分析问题深刻，自由度较大，答案往往没有定论；缺点是要求充分掌握学生基础知识和理论水平，教师收放把握得当，对新情况、新问题、新思路具有极高的分析探索能力。

2. 中职语文互动教学模式的应用

（1）中职语文互动教学模式应用的策略。

第一，建立师生互动关系。课堂互动教学模式就是指教学过程中教学参与者之间在交往、交流、合作以及对话的情境中，教师为配合学生学习而不断引发教学活动，学生又不断反馈并调节教学活动以满足自身学习要求，完成教学任务，实现教学目标的一种教学状态。具体到中职语文课堂中，互动教学并不是为了让课堂上充斥机械性的问答或形式上的喧闹，也不是为了浅显会话。教师的教育意向和教育过程互动的实质决定了互动教学的实际效果。

互动教学的前提是师生对互动内容的深刻了解，其本质是通过师生之间的交流互动得到个体人格与学习能力的自主成长的过程。作为一种互动机制，对学生而言，需要彻底告别惰性心态，语文学习不再是单纯的教师讲解灌输，而是课前学生从图书馆或网络上检索相关的资料，细致深入地预习文本，将心中的疑虑转化为课堂互动的资源，课堂上要全身心的参与其中，实现师生、生生、师生与课堂教学环境之间的全面互动。

为保证互动教学模式能够有效开展，师生双方都需要转变固有观念，构建一种基于民主、平等、自由、放松的师生互动关系。这就需要教师在课堂上放下架子，主动向学生敞开心扉，在和谐、合作的氛围下引导学生"言由心生、行为心表"，在民主、平等的关系中展开自由放松的交流。

第二，加强师生互动参与。中职语文教师要走出传统教学的模式，施行真正的自由文科教学，必须建立在严格的课堂纪律和高效的课堂效率基础上。由于人文精神的培育无法用证书衡量，人文精神的影响更是一种长期的、隐性的、深远的潜在影响，所以，首先，要让学生明确中职语文课程在锻造人格、培养精神方面的重要性及其特殊的作用方式；其次，要以严格可考核的常规要求让学生深入了解该课程必须遵守的课堂教学秩序和学习方式，要求学生按时高质完成学习任务，化被动听课为主动探索的学习方式。

具体而言，应该布置相当数量的阅读任务，完成阅读笔记，针对一定的主题，开展课堂讨论和交流，变教师满堂灌为师生的互动学习；要布置一定的背诵任务，让学生掌握精华篇目，在背诵过程中隐性提高学生的文化水准；应该设置一定的实践课时，用调查报告、采风、朗诵、演剧、观摩等形式，让学生可以主动学习；应当布置一定的作文任务，从中学时代的硬写、模式化写作中摆脱出来，用自己的话描摹真实的人生，全方位提升学生的人文素养。

第三，设计互动教学计划。现阶段一些中职语文教材以模块化方式来整合教材篇章的设计，比较符合目前学生的心理认知特点。如果在上课以前，教师能够做好充足的课前准备，在教学活动中再进行互动教学，课堂气氛和学生的学习积极性就会有所不同。每在学习一个新单元以前，教师都应该精心做好互动设计规划，并提交给学生，这样做有利于学生明确这一阶段的学习目标，便于学生在学习中有目的性，为课堂上师生之间良好互动做好必要的铺垫和准备，这就是"课堂任务前置"。教师在对教学内容进行重构的基础上，把课内的具体互动教学环节与课外的互动环节提前做一个前置性任务布置，并进行一定的指导，这样容易激发学生对课堂教学期待。这样，在学习课文时，因为准备充分，所以课堂教学中对文本的挖掘、人物情感的体验都非常到位。

第四，推进"多维互动"教学。教师应该努力改变学生在课堂上等、看、听的状态，要尝试让学生在对话、讨论、演讲、辩论以及编演小戏等过程中主动发现问题，探究问题，寻找解决问题的方法。不但要在课堂上锻炼学生的分析思辨与语言表达能力，还应该将其延伸到课外。

教师在应用"多维互动"的教学方法的时候，还需要分析工科、文科、艺术等不同专业学生的共性和差异，研究适应其专业培养与个性发展需求的教学课型。

（2）中职语文互动教学模式的应用实践——合作学习。中职语文互动教学模式的应用实践以合作学习为例进行探讨。

第一，合作学习要素。合作学习要素具体如下：

一是积极的相互依赖。合作学习中，学生们应知道他们不仅要为其自己的学习负责，而且要为其所在小组的其他同伴负责，他们彼此需要"荣辱与共"。具体而言，积极的相互依赖主要涉及积极的目标相互依赖、积极的奖励依赖、积极的角色相互依赖、积极的资料相互依赖、积极的身份相互依赖、积极的外部对手相互依赖、积极的想象相互依赖、积极的环境相互依赖等八个方面。其中，前五种相互依赖是主要的。

二是面对面的相互作用。面对面的相互作用主要是指学生之间有机会相互交流、相互帮助和相互激励。只有通过彼此的相互作用，才能产生所希望的合作效果，如产生合作性的认知活动（解释解决问题过程、讨论概念、阐明知识间的联系）、产生社会性规范和影响（承担责任、相互启发和促进等）。通过言语和非言语反应对彼此的学习表现提供反馈，有机会促使缺乏学习动机的同伴参与学习，相互了解并建立良好的人际关系等。

三是个人责任。个人责任指每个组员必须承担一定的学习任务，并掌握所分配的任务。为了落实个体责任，每个组员的作业必须受到评估，并且，其结果要返回到个体组员。小组成员们必须知道在完成作业的过程中，谁最需要帮助、支持和鼓励。

四是社会技能。社会技能是小组合作是否有效的关键所在。为了协调各种关系，实现共同的目标，学生必须做到：①彼此认可和信任；②彼此进行准确的交流；③彼此接纳和支持；④建设性地解决问题。只有这样，组员之间才能进行有效的沟通，学会共同的活动方式，建立并维持组员间的相互信任，以及有效解决组内冲突等。教师必须教学生一些社会技能，以帮助他们进行高效合作。

五是小组自加工。社会技能也被称为"小组自评"，指小组成员对小组在某一活动时期内，哪些组员的活动有益和无益、哪些活动可以继续或需要改进的一种反思。小组自加工的作用在于：①利于组员维持彼此之间的良好工作关系；②便于组员学习合作技能；③增进组员对自己参与情况的了解；④促进组员在元认知水平上思维；⑤强化组员的积极行为和小组的成功。

第二，合作学习的教育功能。具体如下：

一是培养合作精神。从客观上而言，世界各国的教育都在强调合作，人类今后所面临的问题越来越复杂，要解决这些问题，仅靠个人力量已很难实现。因此，当代教育必须重视培养学生的合作意识与合作能力。由四人或六人组成的学习小组，要想在整个班级中取得优异成绩，就必须精诚合作，将个人融入集体中，一切以集体利益为出发点，经过长时间的培养，学习的合作能力肯定会大大提高。

二是培养交往能力。社会越发展，人际交往的重要性就越明显。在合作学习的过程中，中职学生增强了交往，形成了初步的社交能力，小组合作学习是同学之间互教互学、彼此交流知识的过程，也是互爱互助、相互沟通情感的过程。此过程促进了学生交往能力的提高，使学生既能"忘情"投入，又能规范、约束和指导自己的课堂行为。

三是培养创新精神。释放学生的创造力是当今教育的重要目的之一。对于作为学习主体的学生而言，教学不应当是传道，教学必须是伴随着喜悦与感动的探究发现过程，或是伴随着惊异的问题解决过程。合作学习由于采用的是异质分组方式，每个学生的学习能力、学习兴趣、知识面宽度都不一致，因此在学习的过程中，学生间、师生间的互相启发、相互讨论，都会将另一些同学的思维导向一个新的领域，出现一些新的视角，提出一些值得争论的问题。因此，这样一个知识不断生成、不断建构、具有创造性的过程，要比传授性教学更受学生欢迎，更有利于学生素质提高。

四是培养竞争意识。作为劳动力再生产基础的学校，就应该培养学生的竞争意识，使之成为具有较强的上进心、能够适应未来社会发展需要的人才。合作学习将整个班级分为若干个小组，在问题的讨论与解决过程中，组与组之间不可避免地存在着竞争。在这一过程中，学生的竞争意识会逐渐增强。班级可以看作是社会一个小的缩影，在这个小社会中培养出的竞争意识，对学生们进入未来的大社会，无疑是大有裨益的。

五是培养承受能力。无论我们在学习中、生活中还是在工作中，失败是经常发生的，失败是一种常见的挫折，挫折可以使一个人彻底消沉，也可以使人激发其潜力，去取得更大的成功。所以，一个人对挫折的心理承受力越高，他成就的事业也就越大。在合作学习的过程中，学生在组内真诚地合作，组织公平竞争，在合作与竞争过程中逐步完善人格，养成良好的心理素质。

六是激励主动学习。合作学习能使学生把被动学习变为主动参加。在教学过程中，教师把一些问题让小组合作讨论，这时的学生已主动参与了学习。在合作讨论中，学生或多或少都会得到一些结论，注意这些结论的特别之处就在于它是学生在合作讨论中得出来的。如果没有完全解决问题，教师稍加帮助，学生对方法、结论会留下深刻的印象。因为其中有自己的学习成果。

第三，合作学习在中职语文互动教学中的应用。

一是开展形式多样的活动。小组活动可以按照不同的学习任务采取不同的形式，如角色扮演、小组竞赛、小组讨论、组内互评、课堂辩论、经验交流等。

二是，充分发挥教师的指导作用。任何学习方式都是在循序渐进当中逐渐产生与发展的，需要教师耐心地对学生进行指导。教师的导向作用主要表现在以下方面：①明确合作任务。开展合作学习的学习模式，既能够培养学生的合作意识，又可以提高学习效率，让学生理解合作的重要性。这就要求教师要选择有价值的合作项目为学生布置任务，体现出合作学习的价值。要注重合作学习在语文当中的重要作用，防止形式化。②指导合作过程。合作学习不能够完全取代传统的教学模式，而应该取长补短，取其精华，去其糟粕。教师要培养学生互助合作与独立思考的能力，同时，要参与到这一过程之中，耐心指导，确保合作学习的顺利进行。③制定合作评价。小组任务完成以后，教师应该及时给予评价与总结。评价方式可以采取小组自评、小组互评与教师点评的方式进行。小组自评主要评价小组成员在合作中的表现；小组互评主要评价学生参与的积极性和组织凝聚力；教师点评不但要看到先进，也应该注意到合作过程中遇到的问题。其中，教师的评价会对学生产生重要的导向作用。所以，教师的评价要慎重，防止对学生产生消极作用。

三是选择适当教学内容，并赋予其适宜于合作学习的具体形式。理论上而言，语言文字基础、汉字书写、文章阅读、口语表达、文学欣赏、文学写作、应用写作等内容都可以作为中职语文合作学习的内容。但是对于能力基础要求较高的即兴演讲、备稿演讲等就不太适合采取合作学习，即使是前述适于合作学习的内容要真正引起学生兴趣，还应该进行"二度创造"，先赋予其适宜于合作学习的某种形式，否则是不具备可行性和可操作性的。

四是因材施教，对不同类型学生区分不同任务。有效开展合作学习应该针对不同学生设计针对性较强的、个性化的学习任务。

五是小组交流、小组报告。小组预习与合作讨论应该根据教材内容事先设计好小组合作任务，并布置给各个小组，让学生在小组中进行有目的的预习。在小组预习的基础之上学生可以根据教师的问题，在小组内进行讨论，在讨论中辨明是非，培养能力。在理想的合作学习中，学生之间总是在不断地产生智慧碰撞与思想交融、学生慢慢革新自我原有的片面思维，超越自己的认知结构和能力水平。在讨论的时候，学生参与并聆听。组员可以逐个发表自己的意见，也可以一人发言为主，其他人补充为辅。同学之间应该鼓励互助，取长补短。教师要控制好小组讨论的时间，监控组员行为，确保合作学习的实效性。组长集中并整理好成员的发言以后，进入"小组报告"环节。各小组讨论之后，可以通过个人自述、全组合作陈述甚至是角色表演等方式将讨论结果向全班进行汇报，其他小组认真倾听，同时记录报告中的精彩与不当之处，以便做深层交流和讨论。在小组合作讨论的基础上，引导学生从组内中交流过渡到组际交流。在小组合作学习中，进行适当的讲解，起到点拨的作用。

六是建立合理的评价机制。评价是实施小组合作学习必不可少的环节，建立合理的评价机制是合作学习得以有效实施的保证。合理的评价能够激发学生团队合作的积极性，形成集体的荣誉感。教师在进行小组评价的时候应该重点注意两个方面：①评价内容的多元化。小组合作学习的评价不能只看学习结果，而应该更多地关注学生的学习过程。评价的内容包括合作态度、参与活动的程度、小组活动的秩序、合作交流意识、小组汇报的效果以及任务完成质量等诸多方面。②评价方式的多样化。为了保证评价的有效性和公正性，教师可以使用小组评价、个人评价以及教师评价相结合的形式。在评价过程中，教师应该鼓励学生相互评议、相互督促，促使学生审视自己的学习过程，比较学习方法和效果，及时调整各种行为，提高合作学习的质量。

（二）中职语文的情境教学模式

1. 情境教学模式的基本原则

（1）真实性原则。情境教学法是建立在真实情境当中的一种教学方法，它是贴近学习者的生活，和学习者的生活息息相关的教学方法。中职语文教师在语文教学活动中能够非常清楚地体会到，真实的教学场景不但能够提高学生学习的积极性，也可以提高教师和学生上课的效率。

（2）互动性原则。情境教学法对于教师和学生之间的互动非常重视，对于学习者和学习者之间的互动的重视程度也非常深，通过互动的过程，教师得以掌握学生的学习态度和学习程度。除此之外，教师还能够不断总结优缺点，观察学生的态度决定上课的方式，所以互动环节在中职语文教学中也是非常重要的。

（3）创造性原则。在情境教学法的过程中，教师应该重视情境的创造性，所谓创造性，是教师在基于生活的基础上，创设出合适的情境，帮助学习者理解，并且融入合适的情境中。

（4）趣味性原则。趣味性原则要求教师在学习者学习的过程中增加课堂的活动环节，尽量使课堂生动有趣，例如，给学生一个轻松有趣的话题，让学生充分发挥自己的想象空间。

（5）交际性原则。在课堂教学中的交际是十分必要的，而且也是非常重要的活动，在中职语文教学中教师和学生的互动模式是推动课堂高效进行下去的关键因素，教师和学生的交际活动也会直接影响到学生对这节课的态度和想法。

2. 中职语文情境教学模式的应用

（1）中职语文情境教学模式应用的注意事项。情境化教学在实际课堂教学中上占据大量的时间，一方面，教师要拟定特殊的情境带动学生的情绪；另一方面，也要选择适当的学生进行相互交流。目前，中职院校的语文课很多都是大班上课，这就需要教师拥有强大的气场和课堂的把控能力，以及扎实的语文功底和多年的教学经验，才可以镇定自若、有条不紊地驾驭课堂。

所以，中职院校必须强化师资力量，从根本上防止课堂混乱局面的发生。为了更好地与教师融入情境，相互交流毫无障碍，学生应该提前准备好上课时所需要的材料、人物关系、历史背景、时代意义等。为了更好地调动学生学习的积极性，充分利用新媒体教学势在必行。情境化教学所采取的方式方法应该根据中职学校具体的课程体系安排决定。因此，既不能盲目地使用情境化教学，同时也要继续研究探讨新媒体环境下的情境教学，以此提高学生的学习积极性，提高学生的综合素质。中职语文情境教学模式应有的注意事项具体如下：

第一情境设计要与教材主题统一。情境教学虽然有着传统的教学方式所不具备的感染力与优势，但是在实际应用的时候也应该坚守适度原则，不能过分夸大情境教学的价值与作用，更不能为了创设情境，而篡改原来教材中的内容和主题，或者随意地加入自己主观理解而创设情境。例如，在实际教学活动中，对于忧国忧民、抒怀壮志的主题，不能使用幽默的图片或音乐渲染情境；对于淡泊名利的内容主题，不能用太过欢快明媚或沉重风格的情境。而且，教师在情境教学中应当尊重原著，达到情境设计和教材主题保持高度统一，这样才是一个成功的课堂情境教学设计。

第二，情境设计层次要丰富全面。一般而言，大部分文学作品并不是单单考虑一个层面或一种表现形式，而是多种情境、意蕴以及表现形式的综合体，所以运用情境教学方式教授这类作品的时候，教师不能够只考虑一些单纯的具象或场景，而应该认识到有些文学作品中的情境是多层次、多角度的。在情境教学的情境实际设计中，教师要引导学生从多个角度着手，体会整个作品的主题思想。

第三，创设课堂所需要的情境。教师在教学过程中要提供符合学生生活与学生文化的教学情境。教师在教学中要采取直观、可以激发情感、能够转变角色等方式的中职语文教学情境。引起学生的学习兴趣，让学生想去合作，要去合作。对于教师而言，在创设课文情境的时候，需要引导学生进入生活情境。在中职语文课堂教学活动中，课文作为语文教学的重点，教师需要结合课文的内容创设教学情境，当学生进入这样的情境时，能够很快地激起强烈的情绪，进而产生无意识的心理倾向，能够主动的进入课堂教学活动当中去。

第四，合理利用科学适当的情境。科学适当的情境是建构人文素质教育和独立人格培养体系的关键。教师在设置情境的时候应该坚持紧贴中职语文教学目标、教学内容以及人文素质教育的体系，不能为了新颖创新而脱离基本的教学内容，这就要求教师在语文课程的教授之前应该尽量熟悉教材，对教材的编写思想、系统以及其中的章节、篇目等都具有较为详细深入的理解，再结合人文素质教育的整体目标，明确在教学活动中能够对培养学生独立人格产生积极影响的各个点（内容），在这一基础之上合理地设置情境。教师所设置的具体情境可以来自教材中精彩的篇章，也可以来自和教学内容有关的影视作品、历史小故事以及典型的社会现象等，可以通过多媒体的放映、学生的排练表演或者教师在教室、校园内其他场所等虚设的某种场景、气氛等因素建构起来。

实施情境教学的过程中应当注重学生的积极参与，不能够完全以教师的分析代替学生的独立欣赏作品、接受情感感染的审美实践。情境教学法源自建构主义的教学理论，建构主义者强调在教学活动中将所学的知识和一定的真实任务情境挂钩，教师在课堂上可以展示解决任务情境类似的探索过程，提供解决问题的范式，并指导学生进行探索，所以，在中职语文课堂的情境教学中，教师应该在教给学生阅读分析作品的普遍方法基础之上，增加学生在各种情境中自行欣赏作品、接受情感感染的审美实践，然后通过情境后的适当评估给予他们在独立人格等方面更加深入的引导。

（2）中职语文情境教学模式应用的策略。

第一，营造自由空间，尊重学生心灵。投入充沛的"情"，意味着进行中职语文的情境化教学，要给予学生游戏和休息的自由。情境化教学要充分利用学生的无意识心理，让学生在耳濡目染当中获得语文能力的提高。另外，学生个人与群体的自由空间的营造也是教学活动中不可或缺的一部分。尊重学生的生命姿态，就要给学生的心灵和生命适度留白，并通过构建良好的师生关系通畅教学活动中师生情感交流的通道，进而让学生达到较好的学习状态，推动其成长。而在课堂情境化教学中，教师也要注意留给学生思考、想象与创造的空间，让学生通过自己的摸索体验，增强语文知识运用和迁移的能力。

第二，活动情境，丰富课堂教学形式。要巩固教育成果，就必须在传统教学活动中大胆利用新时代技术，让语文课堂朝着丰富性、开放性与全面性的方向发展。教师在这一过程中要牢牢把握学生的主体地位，从学生的立场出发，开展丰富的课堂课外活动，启发学生进行自主性和创造性的学习，比如，结合系列活动的开展，定期举办专题讲座、辩论会，把活动作为学习的延伸，同时也是为情境教学提供良好的平台与场所。还应该最大限度地利用新媒体网络平台，制定线下、线上同步学习机制，通过微信、新浪微博、腾讯QQ等平台发布有针对性的知识信息，借鉴新媒体平台与学生进行交流互动与沟通，将互联网交互性、快捷性的优势充分发挥出来，确保中职学生能够全面学习。借助现代化的教学工具既可以触动学生心灵，又能够实现共享资源，推动师生共同成长、共同进步，也为创造平等和谐的课堂氛围提供便利条件。

第三，教学体现人文特色，优化学习品质。语文的情境化教学就是以"情"为切入点，教师在和学生进行互动的时候投入充沛的情感，并且积极正确地引导学生对现有学习资料进行细致深入的剖析。这种教学模式不但可以弥补信息网络时代文字资源堆积深度不够的劣势，还能够有效激发学生的学习兴趣，体现语文教学的人文魅力。

另外，中职学校作为培养社会技能为目的的学校，与其他普通学校有所不同，所以语文教学的目的就应当侧重于语文的实际应用，但同时又要为终身教育奠定重要基础。在当前的新媒体背景下，赋予了中职学校更加广阔的拓展空间，因此，可以利用新媒体技术，切实做到把思想与情境融为一体，增强语文的文学性和内涵性。教师在开展教学活动的时候，可以利用网络，让同学们了解世界各国不同地域的传统文化，优化语文教学的学习品质。

（三）中职语文的项目教学模式

"项目教学模式是符合中职院校人才培养目标，适应'互联网+'时代发展特征的教学模式，尤其是现代信息技术的应用，能够激发学生学习语文的兴趣，使其深入认识到语文学习对其职业发展的重要意义。"①

1. 项目教学模式的要素分析

项目教学，是师生通过共同实施一个完整的项目工作而进行的教学活动。在教学活动当中，教师把需要解决的问题或需要完成的任务以项目的形式交给学生，学生在教师的指导之下，以小组工作方式，由学生自己依照实际工作的完整程序，共同制订计划、协作完成整个项目。在项目教学活动中，学习过程成为每个人参与的实践和创造活动，它的价值主要体现在完成项目的过程当中，而不是最终的结果。学生在项目实践过程中，理解和把握课程要求的知识与技能，体验创新的艰辛和乐趣，培养分析问题和解决问题的思想和方法。项目教学模式的要素主要包括以下内容：

（1）项目教学内容。项目教学是以真实的工作世界作为基础挖掘课程资源，其主要内容来自真实的工作情境当中的典型职业工作任务，而不是在学科知识的逻辑当中建构课程内容。内容应该与企业实际生产过程或现实商业活动之间具有直接的关系，学生具有独立进行计划工作的机会，在一定时间范围内可以自行组织、安排自己的学习行为，有利于培养创造能力。

（2）项目教学活动。项目教学活动，主要指的是学生采取一定的劳动工具和工作方法解决所面临的工作任务所采取的探究行动。在项目教学活动当中，学生不是在教室里被动地接受教师传递的知识，而是着重于实践，在完成任务的过程中获得知识、技能和态度。

活动主要具有的特性包括：①活动具有一定的挑战性。所完成的任务具有一定难度，不仅是已有知识、技能的应用，而且要求学生运用已有知识，在一定范围内学习新知识、新技能，解决过去从未遇到过的实际问题。通过解决问题提高自身的技术理论知识与技术实践能力。②活动具有建构性。在项目教学中，活动给学生提供发挥自身潜力的空间，学生在经历中亲身体验知识的产生，并建构自身的知识。

（3）项目教学情境。情境是指支持学生进行探究学习的环境，这种环境可以是真实的工作环境，也可以是借助信息技术条件所形成的工作环境的再现。

情境具有的特点包括：①情境能够促进学生之间的合作。在项目教学中，根据项目主

---

①玛依沙尔·亚库甫江．"互联网+"时代下中职语文项目教学模式的实践研究［J］．教育，2020（44）：8.

题，学生从信息的收集、方案的制订、项目的完成到成果的评估，主要采取小组工作方式进行学习，为了最终完成项目作品，他们相互依赖、共同合作。②情境有利于学生掌握技术实践知识、工作过程知识。技术实践知识与工作过程知识的情境性，决定了这类知识的掌握依赖于工作情境的再现。情境为学生职业能力的获得提供了一种理想的环境，并能拓展学生的能力，为他们走向工作世界做好准备。

（4）项目教学结果。结果是指在学习过程中或学习结束时，学生通过探究行动所学会的职业知识、职业技能和职业态度等。例如，技术实践知识、合作能力、创新能力等。

2. 中职语文项目教学模式的应用

（1）中职语文项目教学模式应用的原则。

第一，能力性的原则。

一是具备思维启发性是项目教学活动中应该注意的首要问题。项目教学活动中的主体是学生，教师只是活动的重要协助者和引导者，教学的目的是推动学生综合能力的提高与发展，而思维能力的提升又是综合能力提升中重要的一项，教师的项目设计必须使学生在解决问题和自我已有的知识储备上存在一定的差距。项目一旦设定和抛出，应该可以引起学生思想上和情感上的巨大反差，让他们产生从来没有过的学习体验，让学生的思维活动能够积极开展，进而推动学生学习兴趣的提升。

二是深刻认识项目设计与传统教材之间的关系。项目设计来源教材而又高于教材。虽然项目教学法在中职语文课堂上的应用，是对教材编写体例的改革，但是仅仅是改革教材，这就意味着课堂上的项目设计依然要以教材文本为基础、为重要依托。

第二，创新性的原则。

一是项目教学中，项目的设计在体现创新时应该遵循个体的认知规律。项目教学虽然在"教"与"学"中都能够体现出创新，但这种创新应该以尊重个体的认知规律为重要前提，具体应该做到：项目设置遵循由浅入深、由表及里、由部分到整体、由局部到全局的循序渐进的过程。由于学生在完成项目任务的过程中，总是先调动既有知识储备，结合搜集资料、小组讨论、实验求证以及信息汇总等方式来完成项目任务，这一过程就要求以学生的原有习得知识或经验作为重要基础，然后才能够充分激发学生的求知欲，向着自己不熟悉或陌生的领域进行探索。

二是项目教学中，项目的设计在体现创新时应该遵守中职院校的教学要求。中职教育以培养学生的职业能力与综合素养为目标，重在体现职业教育特色，重在培养适应社会需求，可以为国家建设做出贡献的实用型人才以及技术型人才，这就要求项目教学活动中项目的设置，要严格遵循中职教育的目的和宗旨，全面考虑到学生专业的培养方向、学生就业的竞争力以及学生可持续发展的能力。项目的设置应该具有社会性广、可操作性强、认可度高等特点。切忌流于形式，为"新"而生搬硬套，偏离教学要求。

第三，自主性的原则。学生为主体，尊重学生的自主性活动是项目教学的显著特征之一，自主性的实质在于通过培养学生的自主意识、自主能力、自主习惯，来充分发挥每个人的创造潜能，促使学生在学习过程中的自我实现、自我创新、自我发展。项目教学可以让学生积极主动地进行探究，通过对现实生活中问题的探究，主动获得知识的概念，明白其具有的原理，并在这一过程当中掌握某一项技能。项目教学活动中，学生能够充分享受到自主的权利，担负起完成项目的职责，也为他们毕业后顺利走上社会，与他人和睦相处，愉快合作奠定坚实的基础。

（2）中职语文项目教学模式应用的步骤。

第一，选定教学项目。项目教学法的第一步就是选定项目，即立项。立项是项目教学能否成功实施的重要前提。选定项目应该综合多门学科知识，涵盖丰富的知识体系，能够引发学生的学习兴趣，并允许学生有充足的时间实施前的准备。通常开始选定项目的时候，教师要向学生提供多个备选项目，与学生进行交流讨论，判断项目主题是否可行、项目价值是否存在，学生的研究能力是否具备，最终由教师综合考量项目意义，明确项目的目标与任务。

立项的难易程度要根据学生的实际情况而定，如果立项过于简单，目标伸手可得，学生从项目实施中获取的知识技能就会比较有限；如果立项难度太大，很容易使学生产生畏难情绪，而且需要长时间实施才有效果，长时间不见效果的学习会挫伤学生的学习积极性，学生提起的学习兴趣也会逐渐消失，进而影响到教学效果。

第二，制订项目计划。对于中职学生而言，项目教学法常用的模式是分组教学。学生可以先自行分组，教师根据学生学习基础和能力的差异，以及项目的难易程度进行调整，适当平衡每组学生的水平，同时注意各组学生的性格构成，以完成项目任务为最佳分组原则。每组人数不宜过多，一般在六人左右，并选定一位项目负责人。分组完成之后就是制订项目活动计划，通常学生应该是根据项目实际要求，在教师指导下自行制订小组工作计划，确定工作步骤和程序。

第三，进行活动探究。活动探究是项目学习活动的核心阶段，基于学生对活动内容的理解，在教师的指导下，运用先进信息技术，有针对性多渠道地收集分析甄选资料，进而学习知识与技能的过程。

需要注意的是，活动探究就是主动的学习方式，每个小组根据主题内容，制订的项目最佳解决方案，明确小组分工以及小组成员合作的形式，然后按照制订的方案实施，完成任务。在实践中自主建构知识体系，完成知识的迁移。活动探究中要注重自我检查与成员间的督促，判断进度进展情况。教师要详尽观察学生的表现，有针对性地对学生进行点拨与指导，敢于放手让学生去实践，促成学生的"主动学习"。

第四，开展成果交流。各小组成员应该根据制订计划，充分发挥自身的特长与组员通力合作，通过各种渠道获取信息知识，共同完成项目任务。小组成员在台上向同学们展示项目学习成果，并交流经验作品是全体组员齐心协力，经过思想碰撞之后的集体智慧的结晶。小组成员之间畅谈交流、分享经验，团队成员运用已经掌握的知识和活动学习中的经验来回答问题，通过询问与回答能够更加清楚地了解到自身知识的掌握情况，促进学生的深度思考，进而使学生能够自主建构知识体系。

第五，完成活动评价。评价遵循阶段性评价与终结性评价、自我评价、小组互评、教师评价相结合的原则，即结合自评、他评与互评，这一过程是项目教学法的总结，是对项目学习的检查和评估，是不容忽视的一个关键环节。

在学习项目中，每个小组派出代表上台进行自我评价，主要是从采访活动准备阶段、活动过程、活动特色以及活动收获等方面进行自我评价。组内成员根据评分表、按照成员的参与度和配合度等进行评价。其余小组认真聆听，派出代表就刚才上台小组的项目的成果做出公正评价，多方面选出班级的典型，如"最佳记者""最佳策划"等，这种互评方式能够有效增强学生集体的责任感和荣誉感，锻炼其发现问题、分析问题能力。另外，还需要教师的系统全面点评，例如，此次项目实施前的计划还有哪些地方需要改进，总体的教学效果如何以及怎样提高后续的项目学习等，总结各组的优点与不足，引导学生择善而从，吸取他人的闪光点来完善自己的项目，使学生综合能力在点评中得到提升。

（四）中职语文的活动教学模式

1. 活动教学模式的类型原则

（1）活动教学模式的类型。

第一，体验型活动教学。体验是发自人类内心的一种感受，与个人经历有着直接的关系。语文体验型活动教学法，主要是通过创设活动情境，激发学生参与活动的积极性，引导学生根据自身的经历和经验，对已掌握的知识进行重组和改造，从而获取新的知识，在此过程中不断陶冶情操、完善自身性格。语文教学法的过程主要有四部分，分别是创设情境、活动交流、适当引导、转移领悟。

第二，交往型活动教学。语文交往型活动教学，是将学生分成若干个小组，并以此为单位展开交往活动。在活动过程中，师生之间通过交谈、讨论、学习等方式，充分表达个人的思想观念，提出疑问，并分享创意独特的对策和方法。在进行交往活动的过程中，教师摆脱以"主人"的形象，逐步转变为学生的"伙伴""引导者"等角色，要为学生提供充分的自由空间，积极引导学生自主探索提出独到的解决方案，同时能够自由组成交流小组，在沟通互动的过程中提高自身的主体意识、团队意识，经过研讨形成新的知识和感悟。

第三，操作型活动教学。语文操作型活动教学是指在老师的引导下，学生通过动手操作，结合自身的思考，获取知识，提高观察能力、操作能力，扩展思维能力的方法。在进行操作型活动教学的过程中，教师要提出明确的要求，引导要充分，同时加强对过程的评价，做出准确的反馈，并鼓励学生在教师的示范和引导下，要仔细观察、敢于尝试、创新提升。教师可以通过布置手抄报作业、剪辑文献资料、制作 PPT 课件、手绘课文插图等形式，提升学生的理解能力和动手能力。

第四，探究型活动教学。语文探究型活动教学主要是指在教师的指引下，以学生为主体进行自觉探究和发现知识过程的教学活动。最终的目标是培养学生的创造精神和探究能力。在探究型活动教学的过程中，需要教师创设具有科学探究性质的情境，并提供充分的探究和发现的材料，鼓励学生在教师的引导下采取探究的方法，对提供的大量信息产生怀疑，并对其充分分析和判断，再与其他学生进行交流和辩论，最终将探究结果分享给教师和同学，从而培养和提高学生的自主探究能力。

第五，创造型活动教学。创造型活动教学主要在于培养学生的求异思维，提高学生的创新能力。创造型活动教学法提倡学生提出疑问、勇于探索、敢于创新，只要学生能够真实表达与自己，与过去、与他人不同的意见，就可以认为是创新。创造型活动教学法可以以教学资源为基础，以教学内容为依据，结合学生的实际能力，提出答案多项化的问题，激发学生思考问题的不同角度，提出具有创新性的答案。同时，还可以鼓励学生质疑现有的答案和结论，发表个人的见解。

（2）活动教学模式的原则。

第一，长期性原则。长期性原则就是要求我们在开展语文活动教学时，要结合学生的实际情况以及教学内容的需要，通过有张有弛的活动开展，贯穿于整个语文教学过程中，得到有效的教学成果。在开展语文活动的过程中，需要教师具有强烈的责任心和耐心。持续高效的语文活动，能够增强学生对语文的兴趣，自觉感受语文知识的熏陶。通过形式多样、活泼有趣的语文活动，可以增加学生对语文知识的学习主动性，提高对语文感知和运用的能力。例如，通过开展"经典诵读"活动，可以鼓励学生养成每日早晨朗诵诗文的习惯，当提倡一段时间之后，学生可能会随着时间的推移热情有所减退，语文教师就可以适时组织开展"朗诵比赛""古诗擂台""诗配画比拼"等系列活动，逐步将"经典诵读"引入更深层次，掀起新一次的学习高潮，从而带动学生能够持续自觉学习语文知识，积极参与语文活动。

因此，凭借偶尔一次两次的语文活动，期盼学生能够在语文学习水平上有质的提高，是难以实现的。只有制订合理的长期规划，持续保持耐心，同时根据实时变化，不断创新教学措施，才能使语文活动保持长久有效的状态，才能达到预期的目标和效果。

第二，趣味性原则。趣味性原则就是要求组织开展的语文活动，要充分考虑学生的兴趣爱好，设置的活动适合学生的年龄阶段，并且形式多样、丰富多彩，充分吸引学生的兴趣。

例如，教师可以组织学生参加春游、野炊等活动，以及组织学生集体看电影、看电视时，都会在活动结束后，安排写一篇心得体会。在轻松情况下，附带学习作业，学生容易产生抵触心理，即使按照老师要求写的作业，也无法充分体现学生的写作能力。为了增强活动的趣味性，可以组织学生开展"恳谈会""交流会"等，让学生在谈论的过程中，各抒己见、积极发言，给予学生广阔的自由空间。同时，可以与作文写作相结合，开展"看图作文""作文接力""集体作文"等形式，丰富活动的形式，提高语文学习的趣味性。

在实际语文教学活动中，使用广泛的方法有"成语接龙""讲故事猜谜语""趣味知识大赛"等，只要我们敢于尝试，开动脑筋，就会挖掘和探索出形式多样的趣味语文活动，培养出更多的语文爱好者。

第三，民主性原则。教师从事教育事业，就要本着"民主、个性"的原则，积极与学生交朋友。在形式多样的语文活动中，需要将学生的活力和个性放在第一位，给予学生自由发挥的广阔空间，让学生能够自主表现，主动同学生和老师讨论问题，拉近教师和学生之间的距离。与学生外出采风，需要将自己当作学生群体中的一员，与学生一起做游戏、讲故事、评小说，与学生融为一体，建立深厚的师生友谊。

在组织开展语文活动的过程中，语文老师要保持谦虚、包容、真挚的态度。教育最重要的是，教师和学生在精神层面达成共识，保持良好的交流和沟通。如果教育者将自身放置在至高无上的位置，就难以了解学生的真实想法，更无法与学生建立信任亲密的师生关系。在设计语文活动的过程中，要充分征求学生的意见，突出学生的主体地位，避免教师出现"学术专权"的现象。

坚持民主原则也是对新的时期教师的一项基本要求。在日常的语文活动中，普遍存在老师独自策划活动，在整个活动的开展中，老师设置了一定的程序，学生只能按照既定的规则进行，跟随老师的步伐，推动活动的开展。而学生难以展示自身的想法和想象，做出具有独特创意的行为，一旦出现超越既定规则的行为，可能就会引起教师对学生的埋怨和指责。

第四，鼓励性原则。作为教师，既可以传递给学生巨大的正能量，让学生能够奋发图强，感受快乐，同时方法不当，也会给学生带来不好的感受，让学生的心灵受到创伤。所以，教师的作用是把双刃剑，何种情况下，让学生感受到怎样的情感，教师起到了决定性的作用。很多学生具有得天独厚的天赋，拥有丰富的想象力，在自由的空间内可以尽情发挥自己的才能。语文教师在教学活动中，遇到积极表现自己的学生，就要给予充分的鼓励，引导学生在语文学习中投入更大的热情和努力，避免随意贬低学生，给学生学习的积极性造成打击。

　　例如，在语文写作教学过程中，学生的思路天马行空，有时候可能写出的文章，教师在短时间内无法接受和理解，在这种情况下，为了保护学生的自由发挥热情，不要随意做出评价，保持客观中立的态度。在语文教学活动中，教师要将自身摆在客观的位置，如果在活动的开展过程中，学生突发奇想说出意料之外的语言，教师也要保持客观的态度，并且给予鼓励。对于比赛性质的活动，有的学生会取胜，有的学生会落败，教师也要发挥陪衬的作用，给予获胜学生以褒奖，给予失败学生以鼓励。

　　作为语文教师要保护和鼓励学生冲破束缚的想象力，培养他们不畏传统的勇气，甚至当出现错误时，也可以适当引导，给予鼓励的支持。即使难以给予鼓励和支持，也要避免在语言中说出否定或贬低的字眼。总而言之，教师要以学生为主体，时刻给予鼓励，适时给予提醒，在活动中，善于利用积极的语言，可以让学生倍感自信。

　　第五，群体提高与个体进步相结合的原则。教育事业的服务群体是学生，具有一定的群体性、组织性和有序性，同时也是一群充满活力、张扬个性的个体。语文教学作为教育事业的重要部分，面对的群体也不例外。所以，在开展语文活动时，要以学生为主体，凸显其自我价值，同时还要针对不同性格的学生采取不同的教育方法，才能最大限度地挖掘每个学生的潜能。

　　学生的语言天赋和理解能力必然有高有低，在开展语文教学活动时，要注重因材施教的重要性。对于能力较强的学生，可以以引导为主，向其推荐伟人著作、名人传记等，帮助他们树立正确的人生观和价值观，客观清晰地认识自己。同时也要磨炼其受打击能力，让他们多参加短板能力的语文活动，鼓励其不断完善自己，提升自己。而对于能力较差的学生，就要侧重于情感抚慰，开导其不必以分数来评判自己，而是要鼓足勇气，充满自信，寻找适合自己的学习方法。

　　第六，培养习惯与提高能力相结合的原则。教育，就是培养一种习惯，日常开展语文活动，要将提升学生语文能力和培养良好的语文学习习惯紧密结合，并使培养语文学习习惯的观念贯穿于整个语文活动过程中。培养学生阅读的习惯，提高学生使用工具书的能力。培养学生养成良好的阅读习惯，在不断阅读练习的过程中，学生就能够依照不同的文章采用合适的阅读方法，或选择浏览、精读及研读，通过不同的阅读方法，让他们能够感悟和领会文章中的精美绝句，必要时还可以摘录、评注。在语文教学活动中，要增加阅读活动的比例，吸引更多的学生参与阅读，并养成良好的阅读习惯。

一是培养学生正确的语言表达习惯。在开展语文活动的过程中，学生自由发挥、积极发言的机会较多。为了培养学生正确的语言表达习惯，教师要引导学生吐字清晰、声音洪亮、用词恰当、表达得体。如果表明自己的观点，可以以"我认为""我的观点是"等开头，或者对其他同学的意见持反对意见时，也可以以"我赞同某同学的意见，但是我还有几点补充""我与某同学的意见有出入，我的观点是"等开头。待到发言结束后，要说"我的发言完毕，谢谢""这是我的发言，请大家多多指教"等。

二是培养学生倾听的习惯。在日常语文活动中，由于学生众多，发言的学生还是少数，所以大部分学生扮演倾听者的角色，养成良好的倾听习惯，也是提高自身能力的体现。在倾听的过程中，学生要保持良好的坐姿，并适时地用身体语言给予发言同学以回应。例如，当同学演讲到精彩之处，可以给予掌声。当对同学的发言持否定意见时，可以摇头表示，但是不可以随便打断，认真记录他人的意见，反复思索自己与他人的不同，从中取其精华。

三是培养学生批评的习惯。邹东涛的"十字型人才"将人才分为了四种，分别是"一字型人才""1字型人才""T字型人才"和"十字型人才"。"一字型人才"具有广阔的知识面，但是缺少对专业领域的深入研究和创新。"1字型人才"虽然对某项知识研究深入，但是知识面过窄。"T字型人才"虽然具备了广阔的知识面，也具备了对某项知识的深入研究，却缺乏敢于质疑的精神，畏惧出头。"十字型人才"则兼具了各种人才的优点，有广阔的知识面和对某项知识点的深入研究，同时体现出一定的敢于批判、出头的担当精神。

面对竞争日益激烈的今天，学生更要注重培养自己的各项能力，努力向"十字型人才"发展。培养符合未来社会需要的人才，教师就要注重培养学生的批评习惯，提高学生自我肯定的信心。在语文活动中，教师要为学生提供自由发挥的空间，鼓励学生自由发言、敢于质疑、积极讨论。同时，在挑选活动时，尽量选择对学生创新能力、冒险精神有利的活动，对有创新精神和批判精神的学生给予肯定和鼓励，并号召大家向他学习。

综上所述，语文教学活动要保持长久稳定开展，并且在开展过程中发挥长效、坚持原则，有序推进。只有这样，才能让学生在语文教学活动中，学习更多的知识。

2. 中职语文活动教学模式的应用

（1）中职语文活动教学模式的设计阶段。模式即某种事物的标准形式或使人可以照着做的标准样式。具体到教学模式，即是在教学的过程中教师和学生能够据此样本进行教学和学习的标准形式、范式、程式、套路等，是为了方便教学和提高教学质量而设置的结构、程序与步骤。在《教育大辞典》中对于教学模式做出了如下定义："其是反映特定的教学理论的基本框架，是为了达到某种教学目标而设置的具体的教学活动架构。"

因为活动形式具有丰富多样性，所以活动教学法的教学模式也呈现出多样化的特点，具体包括以下多种形式：问题—解决式、专题—创作式、主题—表达式、游戏—互动式、课题—研讨式、话题—对话式、景观—游览式、生活—体验式、事件—调查式、新闻—访谈式、文本—鉴赏式、体育—训练式、社区—服务式、科学—实验式、网络—搜寻式、方案—设计式、文艺—演出式、书报—浏览式、影视—观赏式、技能—操作式、劳动—体验式、口语—交际式、任务—合作式、情感—交流式、情境—陶冶式、学科—渗透式等。

上述所列举的多个活动教学模式是教学过程中常见的教学基本样式，为教师开展教学活动提供了有益的参考。按照教学模式方面的权威专家查有梁的观点，他认为所有的教学法模式都有一个相对稳定的程序，由于每一种模式所依托的理论依据、承担的教学内容存在差异，因此就会导致教学步骤的不同。如果进行深入的分析，上述所列举的活动教学法模式的程序大都存在不同之处，但是因为上述教学法模式在指导思想方面具有一致性，因此它们的流程在本质上大致是没有差别的。总而言之，对活动教学的教学流程进行总结，其主要包括以下五个方面：

第一，设计活动主题。主题的设计是教师和学生按照教学目标、教学内容等对活动项目进行策划的阶段，活动主题即是活动的项目、专题、课题、问题、话题和论题。每一个活动都会随之有一个主题，这个主题是整个活动的关键，是活动的核心和灵魂。加入一个活动没有主题，这一活动将会呈现出杂乱无章的状态，活动是毫无效果的，所以在设计活动的主题时，必须非常用心。在具体设计活动主题时，可以先由教师主导，使活动方案有一个大概的框架，然后请学生们参加讨论，先给出一个策划预案，最终对预案不断完善，形成最终的方案；或者先由学生们自主商议，共同就活动主题进行讨论，形成一个大家都比较认同的方案，然后交由老师对方案进行把关，最终确定方案。

第二，活动准备。第一步确定了活动的主题与实施方案，接下来要做的就是按照事先确定的主题与实施方案进行活动的准备，只有做好充分的活动准备，才能够确保实施方案的顺利实现。具体的准备活动应当考虑三个方面：首先，物质方面的准备，应当配齐活动所需的设备、设施、工具和材料；其次，心理方面的准备，在活动开始之前，教师和学生都应当在思想上坚定信念，保持良好的心态，避免中途由于思想的变化或者情绪的波动影响方案的实施；最后，应当为活动的实施营造良好的环境，应当竭力争取家庭、社区、学校等方面的支持，为活动的顺利开展提供有力保障。

第三，活动实施。活动实施就是根据活动方案具体进行实践活动的过程，是教师和学生共同配合完成活动任务的正规流程。在这一过程中，中职语文教师需要做好学生们的组织、管理与参谋工作，发挥积极的引导作用，而学生则需要主动、积极、自觉地参与到活动过程中来，发挥自身的主体作用，实现自身更加全面的成长。在活动实施的过程中，因为活动的形式存在差异，所以活动实施的过程也不尽相同，这就要求活动的参与者根据活动形式把握自身的行为。一般而言，活动教学法主要通过多种方式实施，如探究发现法、调查研究法、实验法、设计制作法、参观考察法、文献查阅法、言语交流法、实际操作法、问题探讨法、网络搜寻法、社区服务法、访谈法、表演法、竞赛法、游览法、创编法、体验法、游戏法、训练法、鉴赏法、合作法等。

第四，成果展现。因为活动教学法的形式多种多样，其最终的结果、成果也不尽相同，总体而言，主要基本形式有作品展览、汇报与演出、调查报告等。作品是设计、制作、创作的成果，可以进行展出、发表或者出版，反映的是活动教学的成果。汇报和演出属于文体活动、社区服务等活动的表现形式，通过向老师、家长、学生以及社会公众汇报或演出，实现教育的目的。调查报告，是活动教学法的文字形式，是为了反映学生们的学习效果。

第五，总结反思。从制订方案到活动准备，再到活动实施、成果展示，最后是总结反思，这一过程是前后衔接、层层递进的过程。活动教学法最终成果以展出、演出、报告的形式呈现出来，成果呈现出来之后还需要进行必要的总结和反思。对活动教学法的过程与成果进行总结和反思有利于对此次活动的整个过程进行客观的评价，还能够对活动过程中的经验和教训进行总结，以便为下一次活动提供借鉴。除此之外，教师和学生们在总结与反思的过程中还可以相互交流、共同学习，更好地提升自身的综合素质。

（2）中职语文活动教学模式的设计策略。

第一，中职语文课外活动课程化。中职语文教学要想突破传统教学模式的窠臼，就应当更加重视其教学内容的开放性以及教学方法的多样性，尤其需要重视引导学生们通过切身感悟现实生活自主学习和探索语文的真谛。开展课外活动为学生们进行语文学习提供了极大的便利，然而，现实的情况是课外活动往往缺少系统的教学目标、教学方法与教学内容，导致课外活动很难有效地进行下去，很多学校只是将课外活动作为课堂教学的补充，或者仅仅是一项可有可无的简单点缀。为了更好地发挥语文课外活动的价值，应当重视语文课外活动的重要作用，将其纳入正式的语文课程中来，在时间和空间上给予更多的保证，更好地发挥其教育的价值。

中职语文课外活动课程化大致经历了三个阶段：第一阶段是将课外活动当作第二课堂，第二阶段是将课外活动当作第二渠道，第三阶段是将课外活动当作活动课程。当前，我国把活动与学科并列纳入课程设置中，并规定课程的内容应当包括学科类课程与活动类课程。活动类课程主要包括阅读活动、写作活动、听说活动等内容，具体的活动有报告会、朗诵会、故事会、演讲会等活动，或者组织各类语文小组与文学社团等。在开展语文活动课程的过程中，应当按照以下流程开展活动：

一是关于时间方面的安排。当前，部分学校按照主次或并列关系安排学科类课程与活动类课程，例如，"6+1+1"制，就是用五天的时间学习学科课程，用一天的时间进行课外活动，用一天的时间休息；也有部分学校实行"半日制"，也就是用半天的时间学习学科课程，用半天的时间进行课外活动。关于时间上的安排，各类学校可以根据自身的实际情况，围绕以提高学生们的语文综合素质这一核心目标，科学地进行统筹安排。

二是关于地点的安排。学校可以结合自身的实际情况，选择在校内或者校外开展活动类课程，也可以选择在课堂内或者课堂外进行。

三是关于活动的组织形式。最理想的中职语文活动课程组织形式应当是在教师的引导下，由学生们根据自身的兴趣爱好、优势特长等特点，自愿组成活动小组，这种形式打破了原有班级单位僵化的模式，各个活动小组的成员因为兴趣爱好、优势特长等组合在一起，更容易形成一种归属感和认同感，并愿意为了实现一定的活动目标而努力，成员之间的感情更加融洽，合作起来更加密切，学习的效率也会提高。

四是关于活动的方式。一般而言，根据活动主题来确定活动的方式，这样才能保证活动不走样。具体而言，就是要围绕着一个主题，鲜明而突出的提出所要解决的某些问题，并重视运用多方面的知识、多种能力、多种方法促成问题的解决，使得教学过程产生一种时空交错的状态，呈现出一种立体感，更加充满活力。

总体而言，主体活动主要包括主题深化式、主题辐射式、主题立体式三种模式。首先，主题深化式就是活动围绕着一个主题展开，整个过程分为多个阶段，前后各个阶段紧密衔接，密切配合，共同推进主题向纵深发展；其次，主题辐射式就是活动围绕着一个主题展开，通过合适的形式开展与主题相关的活动内容，这一模式的活动课程设计的特点是与主体相关的各个活动之间是相互独立和并列的，在逻辑上不存在先后的顺序；最后，主题立体式就是先确定一个主题，并对这个主题进一步进行分解，使之划分为多个子主题，如果确实因为活动的需要，还可以对子主题进行划分，使之分解成多个次子主题。由学生在各个次子主题中自主选择某一项，然后独立完成这一活动。主题的分解工作是由老师和学生合作进行的，主要以学生的意见为主，教师需要做的就是在一旁进行引导和补充。主题立体式的特点是便于解决那些比较重大的课题，因为一般情况下，重大课题往往涉及多种学科，需要用到多种原理和方法，为了便于解决这一重大课题，就需要对主题进行分解和细化，使之呈现出更加立体的姿态，便于问题的解决。

总而言之，我们应当根据活动的需要和各类模式的特点进行选择，具体应当参考以下原则：①主题深化式模式适合培养学生们的思想道德意识，有利于学生们分阶段地进行品德的知、情、意、行的转化；②主题辐射式模式更加符合与文学艺术相关的主题活动；③

主题立体式则更加适于和自然社会相关的主题活动。以上三种模式可以独立进行使用，也可以组合起来进行使用。

第二，中职语文课堂教学活动化。从语文课外活动开展的实际情况来看，依然存在许多与人们学习语文知识规律的做法，缺少实践性、开放性、自主性与创造性是语文课堂常见的不足之处。假如语文教师能够充分认识到课外活动的这些特点，将部分活动的要素融入课内教学中，使学生们在课堂之上能够积极主动地去实践和创造，语文课堂一定会更加生动、更加具有活力，教学的效果也会变得更好。

一是语文活动教学内容。活动教学作为一种具体的教学形式，势必会有其特定的教学内容。活动教学重视通过问题性、策略性、情感性、技能性等程序性知识为主要学习内容的教学。现代认知心理学的相关理论对知识这一概念进行了描述，知识主要包括陈述性知识与程序性知识，所谓陈述性知识主要是关于"是什么"的知识，它主要通过教师向学生们讲解，由学生们进行记录和记忆，所以这类知识也被称为记忆性知识；所谓程序性知识主要包括"为什么"和"怎么办"的知识，主要包括概念、规则、原理的理解以及运用，解决问题的技能、方法与策略，还包括情感的体验等，程序性知识与陈述性知识相比更加特殊化、个性化，客观上要求必须通过活动的形式来完成知识的内化。

二是语文活动教学方法。活动教学法整合了近代科学的观察教学法、实验教学法的优点，同时吸纳了现代科学的假设法、证伪法、模式变换与群体交流的科学认识方法，最终形成了多种有效的教学方法，像经验活动法、目的计划法、问题解决法、理论构建法、评价表达法等，使教学方法体系的基础更加完整和牢固，从而更有利于培养学生们的全方位能力。语文活动教学方法的运用改变了传统课堂没有生气的局面，使课堂变得更加活跃，更有利于调动学生们的积极性，维护学生们在课堂上的主体地位。在教学形式上，活动教学法可以是竞赛式的，通过分组的形式使各个小组之间形成竞争；可以是演讲式的，所有参与课程学习的学生们就某一问题进行讨论，大家各抒己见，尽情表达自己的观点；可以是表演式的，如课本本身就是某一剧作的片段，就可以让学生们进行角色分工，通过表演的形式将课程的内容呈现出来；可以是开放式的，教师带领学生们到课文中呈现的某个场景或者某个地点亲身感受那里的氛围，使学生们能够切身体会到课文作者在描述那个场景时内心的思想活动。

三是语文活动教学模式。语文活动教学模式是从学习语文课程的客观规律出发形成的，具体按照以下流程进行：①由教师创设特定的情境；②教师引导学生发现存在的问题；③引导学生提出解决问题的方案；④由教师带领学生共同研究和解决问题，在解决问题的过程中，教师仅仅是作为一个引导者，活动的主体则是学生们；⑤问题解决之后教师和学生们共同交流在这一过程中的心得体会，进一步提高自身的认识。

四是总结方法。在中职语文活动教学中应当坚持通过活动促进学生全面发展的指导思想，以拓宽学生们的视野，培养学生们优良的品质，主体精神、创新意识与实践能力，从整体上提高其自身的修养，从这一指导思想和目标出发，中职语文教学中应用活动教学更有利于探索出一条更加有效、更加符合学生成长规律的新思路，对于提高教学质量、实现教育目标等都具有十分重要的意义。

第二节　中职语文教学主体的智力发展

一、智力发展的前提——激发学生学习兴趣

学习兴趣是学习的直接动机，而学习目的则是学习的间接动机。因此，激发和培养学生的学习兴趣，是中职语文教学发展学生智力的主要前提。如何培养学生学习语文的兴趣，具体如下：

第一，建立师生之间的亲密关系，营造宽松和谐的学习氛围。教学的过程不仅是在教师指导下，学生学习知识的过程，同时也是师生双方情感和思想交流的过程。教师的教学行为及师生之间的人际关系，是影响学生学习兴趣的重要因素。因此在教学过程中教师应把信任的目光投向每一位学生，尊重学生的人格和个性，爱护学生的好奇心、求知欲，正确对待每一个学生。建立起民主平等的师生关系，营造宽松和谐的学习氛围，消除学生在学习过程中的紧张感和焦虑情绪，增强学生学习的自信心。

第二，面向全体学生，坚持因材施教。在教学过程中，教师要面向全体学生，关注学生的个体差异和不同的学习需求，采取因材施教的方法，让每一个学生都能够学有所获，使学生不断地感受到学有所得、日有所进。对他们取得的进步，教师要给予充分的鼓励和肯定，让学生体验到成功的喜悦，从而激发学生学习的兴趣。

二、智力发展的基础——拓宽学生的知识面

学习语文知识，提高中职学生的语文素养，仅仅通过学习语文教材是远远不够的，必须努力拓宽学生语文学习和运用的领域，让学生掌握较丰富的知识，学生的智力才能得到充分发展。在教学中可以采用两种方法来拓宽学生的知识面。一种是指导、鼓励学生围绕课文，通过上网或查阅相关书籍来收集和课文相关的资料。可以是课文的写作背景、作者经历等对课文有补充作用的材料，也可以是节选课文的全部内容等，以此来增长学生的见识，拓宽学生的知识面。另一种是抓好课外阅读和课外活动。例如，充分利用班级的图书

角，挂上学生喜爱的、适合学生阅读的书刊；组织学生开展形式多样的读书活动等。同时可以利用开展"家乡环境状况调查""家乡民俗调查"等综合性学习活动，拓宽学生的学习空间，增加学生语文实践的机会。见多才能识广，学生的知识丰富了，智力也就得到了发展。

三 、智力发展的核心——培养学生思维能力

思维能力是人的认识能力的核心。思维是学生掌握知识的主要的心理过程。思维能力的发展是学生智力发展的核心，也是智力发展的重要标志。因此要加强对学生的思维训练，培养学生的思维能力。如何培养学生的思维能力，具体可采取如下措施：

第一，精心设计问题来训练学生的思维，启发学生思维的积极性。例如，教师可以在学习课文时，引出相关问题，并由浅入深地把学生引入积极思维的状态，让学生在自己的知识经验中搜集与课文类似的人或事，在教师的引导下促使学生实现由感性认识到理性认识的飞跃，这样可以在"由表及里、由此及彼、综合归纳"的过程中发展学生的智力。

第二，鼓励学生质疑探究，即鼓励学生提出自己在学习中产生的疑难问题，然后学生自主思考，合作探究问题，教者适时点拨，师生一起分析、解决问题。

第三，联系实际情况，教会学生分析和综合、比较和归类、系统化和具体化、归纳和演绎等思维方法，这样有利于培养学生思维的灵活性，促进学生智力的发展。

第三节　中职语文阅读教学中的智力发展

阅读是语文教学的重要组成部分，教材中的课文充分体现了我国浓厚的传统文化。中职语文教师在阅读教学中应结合课程目标和学生学情从多方面注重学生智力发展，提高学生学习质量。中职语文阅读教学中的智力发展策略，具体如下：

一、立足阅读文本

文本解读属于提升和发展学生语言能力的过程。如果学生缺乏语言能力，必然无法成功解读文本。对于中职语文阅读而言，信息词在语言知识和文本解读中发挥着不可小觑的作用，教师应指导学生在解读文本时寻找其中的信息词，并围绕信息词对文本进行解读，增强学生创造意识和语言能力，更能借此培养学生逻辑思维，提高阅读教学质量，进而帮助学生智力发展。

另外，加上语文阅读文本有着显著的理性与感性兼具的特征，因而在培养学生逻辑思

维，发展学生智力时，要始终立足于文本。例如，在教学过程结合教学内容设计教学目标和课堂提问问题，通过问题激发学生潜在的思考和质疑意识，充分理解文本内涵的同时明确阅读文本语言的目的。

二 、更新阅读观念

传统语文阅读教学普遍存在教师占据课堂主体，为学生灌输知识的局面，学生被动聆听和记忆，而教学的重难点也集中于梳理文章线索和文本理解等层面，无法较好地发展学生智力。长此以往，更消磨学生学习兴趣。

因而中职语文教师在阅读教学中需要改变自身教学观念，响应课程标准提出的尊重学生主体作用的要求，并将思维训练和阅读教学相融，调动学生探究文本的积极性和主动性，增强思维能力。

中职语文教材收录的文章体裁有说明文、议论文、记叙文等，随着学生学习内容的深入，难度也在无形中提升，需要语文教师为学生分析不同的文本类型特征，提升学生阅读能力和逻辑思维能力。例如，在学习议论文时，应引导学生归纳总结该文体结构特征，因为议论文典型的特征为论点、论据、论证三要素，其中论点为概括性和总结性较强的语句，会出现在文章开头、中间或结尾部位，会发挥不同的作用。"论据则是对提出的论点进一步补充与说明，分为道理和事实论据。"[①] 而论证则是根据自身提出的论据进行比喻、说理、举例论证。当学生明确议论文特征和文体结构就可明确文本逻辑顺序，并站在理性角度分析文本，提高阅读效率。

以散文为例，语文教师要指导学生掌握此类文体要素，强化学生逻辑思维。如《荷塘月色》教学，该篇课文为典型的写景状物散文，教师在教学该篇课文时要先为学生讲解通感和比喻等修辞手法以及鉴赏散文技巧。在指导学生阅读时提出以下问题："课文题目为《荷塘月色》，请问该篇课文讲述一件什么事情？""课文中哪些段落重点描述荷塘月色？""请大家划出课文中表示地点词汇以及作者游览荷塘时行动轨迹。""作者在游览荷塘时，其情感发生哪些变化？""请找出课文中描写抒情语句并加以总结概括。"通过上述问题能让学生按照思维逻辑顺序梳理课文各个段落。教师在学生阅读完毕后可提出相关问题，考察学生阅读成果，最后引领学生品味文章语言风格和写作特色，帮助学生掌握记叙文写作技巧，积累阅读经验的同时增强逻辑思维能力，发展学生智力。

三 、提升教师水平

发展智力、培养思维需要科学合理的引导与教育，由此一来，才能发现思维优势，而

---

①卢义林．如何在中职语文阅读教学中培养学生逻辑思维［J］．汉字文化，2020（15）：84.

引导的主体必然是教师，其自身具备的逻辑思维能力决定学生思维品质的形成与走向。因此，中职语文教师在培养学生逻辑思维，发展学生智力时应从以下两方面提升教师水平：

第一，增强理论修养。语文学科涵盖多种思维类型，教师在正式授课之前应充分了解不同思维与语文课程的关系。其中逻辑思维具有显著的规范性和指导性作用，语文教师应刷新自身对逻辑思维的认识，从而帮助学生在学习中掌握知识的同时形成正确的道德价值观念。通常学生会通过学习新知改变思维结构，思维能力也借此发展。教师应充分了解不同年龄段的中职生思维发展规律，紧贴学生学情设置教学内容和教学方式。

第二，提升培养思维实践能力。学习理论在于更好地参与实践，中职语文教师要培养学生逻辑思维，提高学生智力，就要站在全局层面充分把握语文学科特征、知识和思维体系，并在此基础上形成科学合理的思维体系。

语文学科的知识体系由阅读、文学、文章、语言、写作等多个方面构成，而科学思维体系则涵盖创造、灵感、辩证、逻辑、形象等方面，语文教师只有充分了解自身所掌握的知识内容和思维体系，才能站在总体角度规划阅读教学和培养学生逻辑思维策略。与此同时，语文教师关注的重点之一即思维训练与应试能力、非智力因素和知识内容间的联系，在实际教学中应善于将多方面融合，如果缺一则会导致学生发展失衡，所以要基于语文教材分析其中涵盖的知识、语言、思维等多方面因素，确定思维训练内容和形式的同时将上述因素结合起来，共同提高和发展学生知识水平、语言能力与思维能力。

四 、强化学生素养

在中职语文阅读教学中培养学生逻辑思维，提升其智力，在于为学生扎实的文化底蕴和语文素养奠定基础。语文作为传播中华传统文化的主要课程，收录的课程内容均为名家名篇，尤其借助阅读活动能较好地体现文化内涵与素养。中职语文教师适当对学生引导能帮助其深化对所学文本的理解，并在此基础上形成专属于自身的感悟，从而形成正确的学习态度。阅读教学同样需要激发学生潜在的探究文本兴趣，更是为培养逻辑思维做好铺垫。当前国家十分重视学生素养，而在阅读教学中培养学生逻辑思维，发展学生智力，能促使学生站在理性角度认识、判断与评价事物，更借此树立正确的思想价值观念。

总而言之，语文是一门人文性和工具性兼具的学科，对学生全面发展有着重要的现实意义。阅读作为语文教学重要组成部分，并非单纯地引导学生理解文本内涵即可，而是在理解的基础上发展思维品质，形成独立思考和分析问题与解决问题的能力，由此一来才能全面体现语文阅读教学的实效性。所以中职语文教师应基于学生学情从多方面培养学生逻辑思维能力，助力学生智力发展，提高语文阅读教学质量，实现预期教学目标。

第四节　中职语文写作教学中的智力发展

作文水平是衡量学生语文素养高低的重要尺度，折射着学生的思想、个性、品格等方面的发展状况。智力水平是反映学生学习能力高低的一个重要方面，也是学生写作能力的重要组成部分。智力的核心由观察力、记忆力、思维力、想象力等构成。在作文教学中，要想提高学生作文总体水平，就必然要全面提高学生的智力水平，而在提高学生智力水平的同时，也必然可以使学生综合学习能力得到进一步地提高，二者相辅相成、互相促进。

一、培养学生敏锐的观察力

心理学认为，人的大脑所储藏的复杂、庞大的信息，来自视觉的约占85%，来自听觉的约占11%，仅仅4%的得之于触觉和嗅觉。观察是人们从外界摄取信息的最为主要的方式，有吸收才能有输出，培养学生敏锐的观察力，是提高学生作文能力的第一步。

学生写作文，最基础的材料积累途径之一就是观察。处于成长发展中的中职学生，他们对于一切社会生活、学校生活、家庭生活的现象、事物、事件都可能产生浓厚的兴趣，他们要满足自己的求知的渴望，最主要的方式就是观察。也只有通过观察把所处世界的化为心中的形象，然后才能通过理解等方式进而转化成为写作的材料。观察是理解的基础，理解则是在摄入的材料的基础上，更深的感受，更进一步的感知。没有观察所得的材料，理解就无从谈起。观察也是想象的基础，想象必须建立在广泛的、全面的观察的基础上。

观察是一种具有目的性、体现学生主体意识的行为。开始观察之前，学生一般都先考虑观察的目的，同时也要看到，学生观察是针对作文的训练的，要解决的是学生"有话可说"的问题，但这并不是唯一的目的。观察训练，并不仅仅在于让学生通过观察去获得一部分写作的素材，也不仅仅是为了解决学生作文"写不具体"的问题，而更重要的是在于养成学生注意观察的良好习惯，发展他们认识事物的基本能力，培养他们热爱生活、关心他人的思想品质。

观察是现实生活中的一项基本的能力，养成良好的观察习惯对于学生作文则大有裨益。中国古代所谓的"格物"，就是要求学子文人们对现实生活中的各种人物和事物进行深入而细致的观察研究，它是立身立言的基础。

敏锐的观察力主要通过两条途径进行培养：一是直接观察，即对生活中的人和事，对自然界的景致进行多角度、多侧面的观察，力求获得其细微而深刻的感受，形成对于事物独特的印象；二是间接观察，即主要指通过阅读，获得事物的印象，也学习写作者观察的方法。读书也就是我们通过别人的眼睛去间接地观察。读书也就是观察生活、认识社会，同时，书中的观察所得，就是关于如何观察的一个最好的例子，角度、方法、意义选取等都可以借鉴，为我所用。

二、培养学生高效的记忆力

记忆力是人的智力最基本的组成部分，是人脑贮存、重现过去掌握的知识和经验的能力。记忆的意义在于积累，知识、经验、事件等，所有一切外在的信息，走进人的大脑储备库的第一步就是记忆。从记忆系统来看，分为无意记忆和有意记忆。有意记忆即有一定的目的和任务，并要求按照一定的方法去进行的一种记忆活动。无意记忆，是没有预定目的、任务及方法的一种记忆活动。人的记忆的基本过程是识记、保持、再现。记忆的最终目的是为了应用，记忆的过程的每一步都以最终的高效应用为指向。识记是输入，讲究的是输入的途径、方法，保持也要讲究方法。我们要讲究记忆的方法，有条理、有次序，为了高效再现，需要注重识记和保持手段的应用，具体如下：

第一，多用有意记忆。有意记忆带有一定的目的性，具有持久性的特点，态度积极，精神集中，可对某一事实、事物记忆得更加牢靠。

第二，充分调动各种感觉器官，可以使信息通过多感官渠道作用于大脑，这样就可形成丰富、鲜明、完整的印象。

第三，加强对记忆对象的理解，理解了的东西才能更好地感知。

第四，运用良好的记忆方法，如类比记忆、联想记忆、整体记忆与部分记忆相结合等等。

第五，运用多种方法保持记忆，与遗忘做斗争。

对于写作文而言，资料的归类很重要，即要为以后的"检索"做准备，所以要养成记笔记的习惯。阅读要有读书笔记、摘抄札记，还可以复印；生活中要勤于记日记、写生活速写等。现代科技的发展，还可以通过计算机等不断地贮存好各类既得的材料，这样，既是为了良好的记忆，也形成了收集资料的良好方法，最终就能在写作文时信手拈来。

三、培养学生丰富的想象力

想象力是从已有事物的表象开始，对经验记忆的重新加工、改造和组合而形成一种新形象的能力。借助想象，人们可以回溯过去，展望未来，还可以认识无法感知的事物，使人们的认识扩展到宏观世界和微观世界。想象力在人的智力中不可或缺。

想象是智慧之光，创造之泉，想象可分为联想、想象。联想是想象的初级形态，是指从某一事物而联想到与之有内在联系的另一事物的心理活动。在作文中，联想是一种非常重要的能力，它使得主体能够把观察所得的事物，同其他的生活印象加以联系，同原有的经验相照应，从而可以更加全面地了解、认识事物。想象分为再造性想象和创造性想象。再造性想象就是一种组合形象的能力。创造性想象是指不依赖现有的形象，另行创造出一个新形象、新意蕴的心理过程。创造性想象是一切的人类创造性活动必不可少的组成部分，对作文则尤其重要，想象可以为创作插上奋飞的翅膀。

对处在智力发展高峰期的中职学生而言，具有着丰富想象力的潜质。中职语文作文教学就要鼓励学生展开想象的翅膀，不能仅为考试的需要而压抑学生想象力的开发。当然，也必须使学生认识到想象依旧来自现实生活材料的积累。叶圣陶在《作文论》中明确指出，"想象力不是凭空而至的，全恃平时的观察与体味而来"。想象的本源是现实生活，是以对现实深入的、细致的观察为基础的。因而对学生进行想象力培养，也要从丰富学生的表象储备，扩大学生的知识领域做起。同时也要注意学习借鉴文学作品中的形象产生过程，用以启发学生的想象。

四 、培养学生敏捷的思维力

思维能力是概括地、间接地认识事物本质规律和内部联系的能力。处理好作文教学与训练学生的思维的关系，可以引导学生思维的发展，训练学生良好的思维品质。思维就形态而言，思维能力包括形象思维能力、抽象思维能力、灵感思维能力、创造思维能力。

作文作为学生的一种创造性的脑力劳动，它体现的是学生多种思维能力的综合作用，它的价值恰恰就表现在新颖，不人云亦云，不因循守旧，最需要发人所未发、想人所未想。作文是写作主体思维活跃的产物。创造性的思维，即思维的创新，在写作中具有非同一般的意义，体现在写作过程中，它激发出的是主体的创作灵感，也即是传统文论中的"悟"。灵感产生的过程就是在日常积累的基础上，创造性思维训练的结果。归根结底，灵感来自对生活的深刻的观察、理解和独特的感悟。

与感悟产生的灵感相对的就是思维定式的存在。思维定式是人们在解决问题的过程中，所采用的思维方法，形成了特定的思路，成为一种习惯后，思维变得单一而缺乏创新意识。全面地看待思维定式的问题，应该说它是实践本身的一种需要，它能节省时间，提高效率，却又容易在不断的实践中把习惯当成真理。体现在作文中，就会形成鹦鹉学舌、人云亦云的现象。学生思维定式的形成，一般有以下原因：一是受老师的保守观点的影响；二是学生自己的知识匮乏形成的；三是训练方式方法不当形成的程式化；四是思想懒散，懒于动脑。

无论是哪种原因形成的，思维定式的基本特点都是思想僵化、不求创新。因而，在作文教学中要尽量地采取有效的措施，避免思维定式的出现，我们可以就某个问题，提倡同学之间、师生之间进行讨论，或积极倡导反向思维和多角度思维，互相激发思维的亮点，触发彼此的灵感，就可以有效减少思维定式出现的可能。

学生的智力水平与作文能力紧密相联相互促进，只有两者的协同发展，才能有学生作文水平的整体提高，学生综合学习能力才能取得不断发展。

━第六章　中职语文教学中的美育及实践研究

审美教育，简称美育，是指人们在审美活动中利用自然美、社会美、艺术美等美育资源培养他人或自己正确的审美观念和健康的审美情趣，从而提高他人或自己发现美、感受美、鉴赏美和创造美的能力的教育。

第一节　中职语文诗歌教学中的美育探究

美可养德，美可启智，美可陶情，美可健体。积极开展美育，对于全面提高青少年学生的综合素质具有重要意义。诗歌教学是中职语文教学的一项重要内容，诗歌美育也是美育的一个重要组成部分。

一、中职语文诗歌教学中美育的资源

诗歌是人类最早出现的文学样式，也是文学皇冠上的明珠。不仅如此，黑格尔还认为它是艺术的最高形式。因此，人类创作的诗海是一座巨大的美的宝库，其中有数不清的珍珠、贝壳、珊瑚……具体而言，诗歌的美表现在以下七方面：

第一，语言美。文学是语言的艺术，诗歌语言是语言美的最高典范。诗歌语言美主要表现在凝练、生动、形象、含蓄、委婉、多义性和音韵美等方面。诗歌必须借助形象思维，诗人的思想感情必须借助形象来表达。诗歌语言的含蓄委婉及多义性，一方面，是形象思维的直接产物；另一方面，更是诗人运用诸如象征、暗示、双关、比拟等手法的结果。最早的诗歌是合乐的，可以用来歌唱的，后来诗与乐虽然分了家，但其音乐性仍很突出，它富于节奏、韵律之美。诗人们采用分行、押韵、调平仄、叠字叠词、顶针等方式手段来增强诗歌的音乐性。这点自不消多言。

第二，绘画美。优秀诗人写诗都力求使自己的作品富于诗情画意。例如杜甫的《绝句四首》（之一）："两个黄鹂鸣翠柳，一行白鹭上青天。窗含西岭千秋雪，门泊东吴万里船。"该诗论色彩可谓五彩缤纷，论景物状态又做到动静结合，而且画面极其开阔，让人神驰万里。又如，张志和的《渔歌子》："西塞山前白鹭飞，桃花流水鳜鱼肥。青箬笠，

绿蓑衣，斜风细雨不须归。"该词色彩同样绚丽缤纷，画面立体感也很强，所不同的是侧重于写动态景物。此二例都是诗情画意高度结合的典范，让读者赏心悦目。

第三，建筑美。现代诗人闻一多主张诗歌要有"三美"，即音乐美、绘画美和建筑美，并努力在创作中加以实践。他的《死水》一诗被称作是标准的新格律诗，诗节匀称、诗行整齐。我国古代诗歌更不用说，大都句式整齐，而且常用对偶句。整齐对称，是诗歌建筑美的基本表现。

第四，意境美。所谓意境，一般是指文艺作品所描绘的生活图景与作者所要表达的思想感情融合一致而形成的一种艺术境界。意境在诗歌中表现得尤为突出，意境美是诗歌美的极致。读者要想领略到意境美，就要充分调动想象力，准确解读诗中的意象，还要入得诗去，与诗人产生感情共鸣。例如，李白的《送孟浩然之广陵》一诗，诗人要表达的是他与孟浩然的深厚友情，这种深厚友情在诗人笔下自然地融化在"孤帆远影碧空尽，唯见长江天际流"之句所描绘的图景中：诗人目送孤帆远去，直至消失在遥远的天际，那绵绵的友情啊，就像那浩荡的长江水日夜奔流。这种优美深远的意境令读者如嚼橄榄，回味无穷。

第五，人格情操美。优秀的诗人大都有比较高尚的人格情操，这在他们的作品中都得到了有力的表现。屈原的上下求索、餐英饮露，杜甫的推己及人、胸怀天下，陆游的临终示儿、咏梅自况，文天祥的"人生自古谁无死，留取丹心照汗青"，唐代诗人杨敬之的"平生未解藏人善，到处逢人说项斯"……这些行为或行动要么表现了其人的执着的爱国情怀，要么表现了其人的高洁品格，要么表现了其人的坚定气节。这些诗人的高尚人格情操将对青少年学生起到潜移默化的移情作用。

第六，哲理美。虽说诗歌主抒情言志，但哲理诗为数却也不少，包含哲理的抒情诗就更多。例如，苏轼的《题西林壁》："横看成岭侧成峰，远近高低各不同。"不识庐山真面目，只缘身在此山中。形象地道出了这样的哲理：若想认识事物的真实面目，就得跳出该事物的局囿，保持一定的距离，从不同的角度加以观察。

第七，风格美。我国古代诗歌，就大的流派而言，有现实主义和浪漫主义之分，豪放与婉约之别；就时代而言，有所谓的"汉魏风骨""盛唐气象"等说法；就个人而言，有陶渊明的冲淡，有李白的雄奇飘逸，有杜甫的沉郁顿挫，有李商隐的富丽精工和含蓄蕴藉，有温庭筠的绮靡，有所谓的"郊（孟郊）寒岛（贾岛）瘦"，如此等等，不一而足。走进我国诗歌的历史长廊，犹如走进诗歌的百花园，异彩纷呈、美不胜收。

二、中职语文诗歌教学中美育的方法

（一）朗读吟诵法

我国古人十分重视诵读法，它既是诗文教学的基本方法，也是诗文鉴赏的基本方法。因而开展诗歌美育，仍须充分利用这种传统方法。通过反复诵读，可以充分感受诗歌的语言美、音韵美，其他诸如绘画美、意境美等也可有不同程度的感受。综观古今中外，适合朗诵的诗篇举不胜举，这些诗篇都是文质兼美、感情浓烈、音乐性很强的典范之作，非常适合朗诵。

（二）联想想象法

如果说感情是作为诗的生命从而体现诗的本质，那么想象则作为诗的翅膀从而赋予诗的生命以运动的形式。诗人缺乏想象，诗思便无法灵动飞翔；读者缺乏想象（再造想象），鉴赏只能停留在感知的初级阶段。例如，唐代贺知章在《咏柳》一诗中连用了三个比喻，把柳树比作一块温润的"碧玉"，把柳条比作"绿丝绦"，把春风比作"剪刀"。前两个比喻靠的是相似联想，最后一个比喻则主要靠的是合理的想象。读者在欣赏这一首诗时，如果缺乏联想和想象能力，便无法感受到诗人笔下春柳的青翠、婀娜和可爱，便无法体会到诗人喜爱春天的感情，更无法品味到此诗的妙处（想象的新奇），从而也就无法获得审美愉悦。另外，诗歌语言的跳跃性也要求读者要充分发挥想象力，把诗中省略的对有关过程的叙述补足，才能完成对诗歌的解读和鉴赏。在诗歌教学中很重视培养学生的联想和想象力，调动学生的生活经验，启发诱导学生做合理的想象，把诗歌语言还原为生动鲜活的具体形象，进而去感受诗歌的诗情画意，去领略情景交融所产生的意境美。

（三）情境创设法

心理学研究表明，美的事物在接受审美主体观照之前常常能够激发审美主体的审美期待。诗歌是美的化身，自然能够激起学生的审美期待，这种审美期待正是教师实施诗歌美育的最佳契机。教师可以采用适当的办法，营造与所要讲授的诗篇相近的情境气氛，将学生的审美期待转化为审美注意。值得注意的是，在讲授前可以精心设计充满激情的导语，以此先让学生受到一定程度的感染，将学生带入课文情境。还可以充分利用多媒体等现代化教学手段，从网上下载或自制一些与课文情境相近的视频音频资料或图片，在讲授前先播放给学生看，给学生以直观形象的刺激，便于让学生尽快进入诗歌的情境。不过，现代化技术手段用得过多，也有可能造成学生思维的惰性，不利于想象力的培养。

（四）比较鉴赏法

例如，在苏轼的《念奴娇·赤壁怀古》和柳永的《雨霖铃》两首宋词中，就注意从题材、语言、情感、意境、格律等方面将二者做比较，让学生了解豪放词与婉约词两种不同风格的词各自的美。在杜甫的《蜀相》这一首七言律诗时，为了让学生体会出颔联"映阶碧草自春色，隔叶黄鹂空好音"中两个虚词"自""空"所传递出来的神韵，采用"置换比较法"，把"自""空"二字分别替换成"呈"和"弄"，然后再比较这两组词的表达效果。"映阶碧草自春色，隔叶黄鹂弄好音"只是纯粹的写景句子，看不出诗人明显的主观感情。而"映阶碧草自春色，隔叶黄鹂空好音"则能传递出这样的言外之意：草色青青，莺声清脆婉转，却无人欣赏，形同虚设，如此则诸葛亮祠堂的荒凉可以想见，诗人的惋惜不平之情呼之欲出。"自""空"虽是虚词，却做到了虚词不虚。经过这么一比较，诗中虚词运用之妙就能被学生体味到了。

（五）课后实践法

例如，让学生在上完诗歌课后尝试写作有关的诗歌赏析或评论，指导他们从思想内容、表现手法以及语言美、音韵美、绘画美、意境美等几个方面去着手评析。还可配合校团委组织一些活动，如组织学生参加诗歌朗诵比赛，让学生进一步从诗歌朗诵中获得审美愉悦，并体验比赛成功的乐趣；或者组织学生春游或秋游，让学生置身于大自然的怀抱，一面感受自然美，一面引用古诗来描摹眼前的风景。

综上所述，学校美育有四个基本要素，即教师、学生、美育资源和美育方法。挖掘出诗歌中蕴藏着的丰富的美育资源，找到开展诗歌美育的适当方法，教师还须具备良好的诗歌教学能力和一定的美学素养，并充分调动学生参与诗歌美育活动的积极性，诗歌美育才能顺利开展并取得预期的效果，学生发现、感受、鉴赏和创造诗美的能力才能得以提高。另外，在教师的诗歌教学能力中，良好的朗诵能力、丰富的想象力和充沛的感情对于教师开展诗歌美育是非常重要的。

三、中职语文诗歌教学中的美育实践

"诗词的本质是抒情，因此，在诗歌教学的过程中最重要的使命就是让学生充分领悟诗歌情感，让诗歌传递出的情绪敲击学生的心灵，二者产生共鸣，让学生在诗歌的学习中，逐渐的感知美、欣赏美，最终形成创造美的能力。"[①]

①孟庆莉.中职语文美育实践策略研究［D］.天津：天津师范大学，2020：23.

（一）调动学生，发现诗歌之美

对于中职生而言，部分学生在爱情观存在偏差，所以在讲解《致橡树》这首诗歌时，引导学生去发现独立平等的爱情，帮助学生树立正确的爱情观。另外，通过这样的教学方式，既引入了经典文学作品，又引入了时代人物，通过这些内容的拓展加深学生对诗歌内容的理解与感悟，从而真正触动学生的心灵，启发引导学生去发现诗词之美、情感之美。

（二）指引学生，品鉴诗歌之美

在课文诗歌讲解的基础上，例如，模仿电视节目，让同学自由组合，每组 4~5 人，选取自己喜欢的古诗词配乐演唱，同时每组出一名同学结合 PPT 或自制微课视频对诗进行分析。把语文课与学生的专业技能结合起来，促进语文课与专业课对接，提高学生的审美素养。在这个过程中学生大量地去搜集资料、组织语言、连贯思路、制作 PPT、排练演唱等，激发了学生自主学习的愿望，真正让学生成为课堂的主人，同时又增强了学生的合作意识，提升了学生的自信心，使学生在传统文化潜移默化的浸润下增强了文化自信、提升了审美能力。

（三）发掘学生，创造诗歌之美

发掘学生，创造诗歌之美，例如，可以在班级里组织一场以"爱国、爱校、爱家"为主题的诗歌朗诵会。以诗朗诵《我的祖国》为例，第一部分可以借助原文，表达对祖国的爱。第二部分是学生们可以根据第一部分的内容自行创作，表达对学校的热爱之情，其中要注意句式的工整，切实抒发对学校的热爱之情，这类活动学生参与的积极性很高，且同学之间共同商讨、共同努力，合作意识增强，在不知不觉中学生的写作水平、审美水平得到了提升，从而引导他们形成健康向上的审美情趣。

第二节　中职语文话剧、小说教学中的美育探究

一、革新语文课堂教学模式

在讲授话剧的过程中主要以参与体验式的教学模式为主，以鼓励学生学习语文的主动性，激发学生的学习兴趣，让学生真正参与到教学过程中，且成为学习的主体。在授课中

注重学生的情感熏陶和精神成长，充分调动学生的审美素养和创造能力。

此处以老舍的《茶馆》第二幕为例，可以先在班里自愿报名，确定导演、道具、服装、化装、背景制作、演员角色等分工，在班里观看人艺版的《茶馆》全剧，阅读了话剧《茶馆》全文，将视频影像和文学作品有机结合起来，让学生了解时代背景及人物定位。然后开始背台词、排练，并根据学生实际情况对台词进行微调。再把排练的过程用手机录成视频，放到班级电脑上观看，大家一起评说人物性格与演员须改进的地方，再反复排练。

二、学科融合提升学生素养

学校是知识传播与教育创新的重要阵地，其学科融合模式打破传统学科的壁垒和界限，使课程资源、课程要素和环境整体化产生聚焦效应，促进了教学方式、学习方式的根本变革，实现了学生多样的学习体验和丰富的学习经历。转变思想观念，积极探索多学科交叉融合的有效途径，全面提升学校创新能力，从根本上提升学生综合素养，这也充分体现并达到了《中等职业学校语文教学大纲》中的基本要求。

所以在课程设计中可以运用"解构再建构"的指导理论，给予学生充足的时间去整理收集资料，让学生对知识有个整体的感性的认识，然后让学生在没有经过整理的杂乱的数据中找出规则，做成系统，成为一种模式。

例如，在设计曹禺先生的《雷雨》这一课时，可以与美术老师、计算机老师、电子商务老师共同合作，实现学科融合，提升学生能力。

第一，在校上网搜集资料，查找曹禺的相关信息，对其有大致了解，对其人其事有更直观深入的了解，从而更好地"知人论世"。

第二，各个小组把《雷雨》以话剧的形式再现舞台，让学生在背剧本、揣摩人物思想、动作和性格中对文本有更深层次的理解。从服装造型、舞台设计到语态动作尽量还原20世纪30年代社会原貌，让学生理解在大的时代背景下人物的命运。

第三，每小组选择一名喜欢的名人，如李叔同、曹禺等，以其生活经历为背景，创作剧本并角色扮演，使其搬上舞台，这样可以锻炼学生的创作能力。在创作过程中不断加深对时代背景和人物的了解，激发学生的想象力和创造力，提高学生的写作水平，在不知不觉中对学生进行美育熏陶。

上述活动设计主要遵循"解构再建构"的原则，由浅入深，层层深入。从中职学生的实际水平出发，利用中职学校多专业多学科的优势，打破学科限制，学科间相互渗透，有效整合资源。同时把课堂内的教与学与课外实践结合起来，真正让学生动起来，学习的自主性充分发挥，将所学知识与生活经验结合起来，在活动中促进学生对所学知识的理解与建构，通过亲身感知、感悟，提升学生在实践中应对问题的能力，以提高学生的审美水平和审美能力。

三、帮助学生成为课堂主体

作为职校的一线语文教师，我们要努力改变传统的传统课堂教学模式，引导学生学会思考和质疑，教师要从"教"变成"导"，引导学生运用自主、合作、探究式的学习方法，鼓励学生在思考的基础上发现问题、分析问题、解决问题。在我们的语文课上，真正实现学生、老师、文本三者之间的平等对话，从而使学生真正由"学会"向"会学"转化，这样的教学才能起到事半功倍的效果。

另外，要结合学生的生活实际来讲授引导，不能强硬的灌输知识，而是要让学生通过体悟文本和人物感情，拓宽故事的维度，启发学生思考，引领学生成长。让学生懂得做人的道理，关注学生生命的成长，达到培养人的目的。

第三节　中职语文美育实践的实施策略

一、中职语文美育实践的实施

（一）中职语文美育教育实施的必要性

1. 符合学科性质

语文学科的最大的特征就是工具性与人文性高度的统一，同时，审美教育的实行，是将这两种不同性质的特性融为一体的不可或缺的方式，也是其重要体现。

对于中职语文学科建设而言，放在第一位的应该是对人文的教育，语文教学不同于其他学科，语文是一门通过语言来教育人，提高人的思想素养的学科。在语文教材中，选择的任何一篇文章都是人类思想的精华，其中富含着丰富的人生哲理，体现着人生的不同哲理，人文的含义及人类和文化，在人类漫长的文明进展史中，逐渐丰富了人文的内涵。人文的教育不单是我们经常进行的思想品德教育，而是应该发展学生的各个方面的潜能，健全人格，培养一种良好的心理适应能力。同时，这些不仅是过去的要求，也是我们现代学生所必需的，通过对以上语文和人文的分析，这就对我们语文教师提出了一个更高的要求，即以人为本，以人的需要作为一切的前提。

语文作为一门基础学科，有其特殊性，是人们表达自己感情和思想的一重要工具和载体。中职语文是一门语言的学科，正是因为如此，其载体作用正是依附于语言而产生，语言是人们之间互相了解、互相沟通的最有力的载体，同时语言的载体的重要作用还表现在对人的思想活动的重要影响。正是因为有了语言，人类才有可能通过语言来表达自己的观点、看法，进行许多活动。因此语言作为一种载体，对人的作用非常重要，掌握好这个工具对于人自身的发展具有非常深远的意义。

就目前中等职业教育的现状而言，其学习时间普遍较短，注重的是对技术的培训，可以掌握实践技能，直接参加工作，因此，语文等文化课的授课时间一般较短。所以对于这些学生而言，考试成绩和名称并不是最重要的，最重要的应该是让学生如何通过语文教学掌握语言这个工具，教师的任务则是通过教学，通过对语文课的讲解，认识到语言的重要性，在将来的工作中将这种思维应用于解决问题之中，成为一门有用的工具。

2. 体现教师风格

教师是一个独立的个体，有其自我的价值评判标准，教师上课的过程也是一个自我实现其价值的过程，是一种得到他人肯定的过程，教师上课的过程也是一个展示自我的过程，可以将教师自身的知识水平，自我的思维过程展现给学生。同时在学生的肯定中，实现自我价值的肯定，只有这样，才能形成一个良性的循环，但是由于部分学校对语文教学的不重视、对教师教学的不肯定，教师无法实现自我价值的肯定，因此对语文教学毫无兴趣可言，呈现给学生的是一种慵懒的、毫无进取心的风格。在审美学教育看来，这也是一种审美的需要，只有在教学中应用审美教育，才能够达到展现教师风采的作用。

3. 适应学生特点

在我国，虽然近年来中职教育的发展得到了长足的进步，但仍然存在着较为严重的问题，我国的教育体系以高中教育为主，人们普遍接受的也是正规的高中教育，而中等职业教育未受到足够的重视，因此，造成了我国中职学校的生源问题。一方面，由于过早参加职业技能的培训，加入社会，其生理虽然已经发育尚可，但是其心理上却还远远未成熟，对事情的认知上，既渴望能够独立的生活，又不能够脱离父母的关心。同时，作为一名中等职业技术学院的学生，认为自己和其他的高中学生有一定差距，得不到对自己价值的认同。另一个方面，由于中职教育的特殊性，其更侧重的是对技能的培训，经过一段时间的培训，即可参加工作进入工厂企业等。如果不继续升学，中职也许就是他们最后的学校时光。因此我们更应该做好语文教学工作，认真分析所在学校的孩子的心理问题，将其融入语文教学中去，利用语言这个载体，将一些心理学的知识潜移默化教授给学生，让他们能够认识到自己的不足，同时可以利用所学到的知识来完善自己，改变自己不正确的想法。

另外对中职学生的语文教学应当具有个性化的教学，人与人均不相同，每个学生都有自己的个性，差异是肯定存在的，只有在承认差异的前提下才能够消除差异，这也就要求语文教师实行审美教育教学，让学生认识到这些问题，从而促进其更好的发展。

（二）中职语文美育教育实施的理论分析

1. 实施审美教育的理论依据

（1）审美教育是人格教育，是把感性的人变成理性的人的教育。审美教育可以升华人的感性，将屈从于自然力量的人上升为道德的人，容易使人将审美教育理解成是德育的手段，忽视审美教育的独立地位。审美教育本身就是目的，它不仅是手段。

（2）审美教育是情感教育，这种观点认为人的心理功能包括知情意三个方面，这是自古已有之，又为德国古典哲学家们认同的三分法。美学作为一门独立的学科诞生，与哲学、伦理学鼎足而三，专门研究人的感性或情感，是精神哲学的完善。与美学息息相关的审美教育在许多学者那里理所当然的就是情感教育。审美教育除了陶冶情感外，还包括对人的其他心理功能的陶冶，如人的感兴力、想象力、理解力及创造欲等。

（3）审美教育是艺术教育，虽然主要以艺术鉴赏为手段来进行，但审美教育不等于艺术教育。艺术教育是专门培养艺术人才的教育，或培养一般人的艺术鉴赏、艺术创作才能的教育，它虽然也要有艺术理论、艺术史的教学传授，但更重要的是艺术专业创作的技术技巧的学习和训练。审美教育是通过艺术，也通过其他美的形态（如自然美、社会美）感染人、影响人、塑造人的心灵，完善人的个性、提升人的境界。

（4）审美教育是审美心理建构的教育，它有感于审美教育是人格教育的过于普泛、情感教育的失之片面、艺术教育的过于狭窄，认为人的全面发展是教育的根本目的，各种教育分别承担着不同的任务，具有不同的性质。审美教育的性质就是完善人的审美心理结构，促进人的审美发展。而关于人的审美心理结构，理论家们有着不同的理解。这种观点强调审美教育的目的在于人的全面发展，人性的完整和自由，突出强调审美教有建构塑造人格精神、个体心理的性质，有更多的合理之处。但人的审美活动不完全是一个心理学问题，把审美教育仅仅归结为建构审美心理也是不全面的，而且由于对审美心理结构的内涵解释不一，给审美教育操作带来很大的难度。

2. 实施审美教育的主要特征

审美教育是人类全面教育的一部分，是人类实现自我发展的一个重要途径。审美教育通过审美的方式教育人，教育人审美地对待现实、对待人生。审美教育是一种人文精神教育。

审美教育是人类全面教育的一部分。人的全面发展是人类文明发展的必然归宿，也是人类自身建设的最高理想，所谓全面发展，所谓人性的完整，就是指人既有健全的体魄，又有充实的心灵；既有崇高的理想，顽强的意志，又有丰富的情趣；既执着于现世、执着于人生，又能超越现实，向更高的精神境界飞升。审美教育与德育、智育、体育一样，目的是促进人的全面和谐健康的发展，只是在全面发展的培养上，审美教育与其他教育承担着不同的任务，具有不同的特点。审美教育通过审美的方式教育人。审美教育的实施媒介是艺术和其他美的对象。它通过对美的感受、体验、观照和评价，使受教育者在审美过程中从生理的快适到心理的愉悦，在幸福、和谐、自由的感受中不知不觉地受到感染和熏陶，审美情趣丰富了，审美能力提高了，气质精神得到了升华，人格更加完善，人生态度更加审美化。当然，审美教育也需要理论上的引导和知识技能的支撑。美学理论、艺术理论的学习，艺术技能技巧的培训对审美教育也是必不可少的。但审美教育对人的教育首先是通过审美意象，审美意境对人的感染和陶冶来进行的，对理论的理解和技巧的掌握也离不开审美实践。

审美教育是教育人审美地对待生活的人文精神的教育。所谓审美地对待生活，就是人要诗意地栖居在大地上。审美教育就是要通过美的陶冶，使人的情感净化，审美感性能力，想象能力，意志能力等心理因素全面、均衡的发展，使人的精神、心理平衡、和谐、健康，这样面对纷繁的世界，人们就可以排除各类限制对心灵的压抑，获得感性生命与理性统一的自由。

审美教育的这种人文性质决定了审美教育具有以下的特征：

（1）审美教育是感性的。审美教育通过审美的方式教育人，审美就是对气韵生动的对象直接感受、直觉、体验、欣赏和评价。审美教育的媒介是艺术美、社会美和自然美，这些美的对象都是具体可感的，直接诉诸人的能欣赏形式美的眼睛和懂音乐的耳朵的。审美教育就渗透在对对象的感受和品评之中，始终不脱离感性。审美教育就像一个人在大海里畅游，劈波斩浪，与水共舞，起初并没有想到这是在锻炼，但在感受大海、拥抱大海的过程中，不知不觉地增强了意志和体魄。美感的感性特征要求在审美对象的选择上，一定要注意选取那些形态生动宜人而又意蕴丰富的美的对象，吸引接受者的视听，唤起他的感受和直觉，进而调动他的各种心理功能，使他在体验、玩味、品赏美的形象的过程中，受到教育。

（2）审美教育是自由自觉的。审美教育以美的感性形象愉悦人，以美的情感打动人，它是一种感化，不是耳提面命、抽象说教。审美教育要在自由自觉的氛围中进行。审美教育虽离不开美学理论和审美教育知识的传授，但审美教育却不能靠在课堂上坐而论道。审美活动是主体性很强的活动，审美教育必须充分尊重受教者的审美个性、审美自由。受教者在美的对象面前，根据各自的审美文化心理结构和经验，凝神观照，倾情体验，自由地想象，在自己心里重建具有自己个性的审美意象。

另外，审美教育的形式是一种逐渐发展的模式而不是快速前进的方式，许多名人如柏拉图等都对其描述过，美的作品之所以美，是由于其符合人们的审美观，审美教育可以让人有一种耳目清新的感觉，就是因为这种逐渐发展的模式，审美是一种人的自发的行为，这就给予了我们启示，利用这种模式来改变人们哪种不好的行为，提倡一种美，然后让众人参与进来，每个人都会看到其他人的良好行为。例如公交车让座，如果都不让，那么其他人就会觉得我也该如此，但大家都让座，慢慢就会带动更多人让座，这也是美德的一种表现，也是审美的要求。

3. 实施审美教育的价值体现

审美教育的功能包括培养高尚的审美理想、健康的审美情趣，健全和完善的审美心理结构，提高和培养审美能力。

（1）培养高尚的审美理想与健康的审美情趣。审美理想是人们向往追求的至善至美的境界，它直接影响着人的审美情趣，指导着人们欣赏美和创造美的活动。审美教育的首要职能就是要帮助人们建立高尚的审美理想。当今时代是一个众声喧哗的时代，人人都在张扬自己的个性，但审美个性却被大众文化雕琢得平均而又平庸。在这个时候，奢谈审美理想似乎有些不合时宜。但人总是要有一点精神的，审美是需要正确的价值和意义的体系来规范的。

审美理想是现实和理想的统一，人们在审美实践中，往往觉得现有美的东西不够完美，于是在自己的头脑中构想出完美的理想的境界，这至善至美的境界，不仅反映了现存的客体，也是对未来的美好前景的充满激情的想象。审美理想渗透着强势的情感倾向，是主体在情感炽热的情况下用想象编织的美的蓝图，它带有鲜明的个性特征。审美理想是审美的最高范型，它渗透于审美感受中，使主体按照它的样子去选择对象、感受对象和评价对象。

高尚的审美理想，还激发起人们创造美的热情。正是高尚的审美理想，成了伟大科学家不断进取、创造美的生活的精神支柱。审美理想在个体那里不是自发产生的，它需要长期有意识的培养和陶冶。在大中学校开设美学原理课和艺术理论课，使学生深刻理解美的本质，美与真善的关系，美与人的生活、人的实践关系，使学生认清怎样的境界才是最高的审美境界，逐步树立起高尚的审美理想。审美理想的树立更重要的是多参与审美实践活动，特别是艺术鉴赏和艺术创作活动。艺术是人的审美理想的集中表现，优秀作品洋溢着高尚的审美理想，最能打动人和启迪人。

审美情趣是人们在审美活动中表现出的主观倾向和爱好，它受审美理想的制约，既有社会群体的一致性，又有个人的独特性和多样性。培养广博而健康的审美趣味，对美的欣赏和创作有积极作用，审美情趣是主体对审美对象的情感性评价，一个人审美趣味的形成与他自身的生理素质、个体生活环境、文化教养、传统积淀有关。审美情趣的多样性是一种生动的审美现象。审美活动总是带有个人的主观倾向性，人的爱好不能强制。承认审美情趣的多样性与提高健康审美趣味并不矛盾。健康的审美趣味也不是审美主体生而具有的，它同样需要训练和培养。

此外，健康的审美趣味是对作品深刻内蕴和精湛技巧的专注，而不是低层次的猎奇。而要培养起健康的情趣，就要多接受艺术熏陶。朱光潜先生指出，审美趣味要纯正健康。广博的审美情趣的培养，需要使受教者广泛接触各个艺术门类、各种状貌特征的美，各种风格、各种流派的作品，开阔他们的眼界，丰富他们的口味。

（2）培养健全的审美心理结构。审美理想和审美趣味作为人的审美活动的前导和指向，制约着人们的审美期待、审美注意和审美选择，而人的审美心理结构及其动态机制则使人产生具体的审美感受和形成美的创造。审美心理结构是主体进行审美活动的生理心理基础，是审美时主体各种心理因素的功能结构。审美心理主要包括感觉、知觉、情感、想象、通感和理解等，健全的审美心理结构指敏锐的审美感知、丰富的审美想象、活跃的审美情感及领悟式的审美理解及其和谐运动。

审美想象是审美心理活动的枢纽，是审美心理最活跃的因素之一。审美想象以感知为基础，与记忆有密切的关系。通感作为审美想象的一种特殊形式，丰富着人的审美感受。既然审美想象在审美心理中占有核心的位置，培养审美想象就是审美教育的重要内容。培养审美想象，一是要引发受教者丰富的情感，二是要引导受教者多积累形象记忆。情感是想象的活力，审美活动中的移情现象，就是在情感的作用下，把对象拟人化、客体主体化、主体客体化，展开自由想象的结果。对形象的感知和经验记忆是想象的基础，生活经验、审美经验丰富，知识渊博，艺术修养丰厚，头脑中自然存有多姿多彩的审美意象，在美的事物面前就会产生各种各样的审美联想、审美想象，获得常人难以企及的审美超越。

审美情感是审美活动的动力，也是审美心理最活跃的因素之一。在审美的时候，随着对对象的感知，相应的情感体验便油然而生。情感又化作其他心理因素的动力，反过来强化感知，给想象插上翅膀，促使理解不着痕迹地深化。审美情感不同于生理快感，也不同于道德的赞许，它是主体对从对象上体验的情感的回味和对容纳内容的有意味的形式的美的回味。审美教育对审美情感的培养，是促使人超感性情感的塑造。审美情感是一种理想化的情感。说审美教育是情感教育，就是指通过审美活动，使人获得身心愉快和情感陶冶的满足，培养人爱美、珍惜美的情操，引导人摆脱自然欲望的束缚，升华到高尚纯洁的境界。

审美理解，指审美活动中主体逐步认识了对象的联系、关系、内容和形式的特征及其本质的思维活动。审美理解不是抽象的逻辑思维，它在生动的创造性想象中，在热烈的情感体验中不着痕迹地进行。审美理解的培养首先要做的是理论和生活经验的准备；其次还要根据理解的不同层次采取特殊的训练方法。

（3）培养审美能力。审美能力，顾名思义，指审美主体发现、感受、欣赏、评价美的能力。广义的审美活动包括审美创造，因此审美能力包括主体创造美的能力。审美能力是主体审美心理结构的动态表现。主体审美心理结构完善健全与否，表现在审美过程中的各个阶段上，具体而言，表现在能否以审美的态度观照对象，能否敏锐地发现美、感知美，能否正确地欣赏和评价美，以及能否自由地创造美。审美教育的另一项重要任务，就是培养主体的这些审美活动的能力。

审美态度是主体对对象所持的欣赏观照的态度。审美态度是不同于严谨客观的科学态度的，它是自由地以审美的眼光凝审观照对象，这种观照始终不脱离对象的感性特征，而且饱含情感因素。培养审美态度，首先，要给受教者提供富有魅力的适宜的审美对象，不能进入受教者的期待视野的对象再美也毫无意义；其次，还应有意识地提高受教者的文化修养和审美品位。

审美能力包括鉴赏力和创造力。鉴赏力指审美主体对事物的审美特征分析鉴别和欣赏的能力。审美鉴赏是一种精神享受，也是一种审美判断，既是感性和理性相统一的认识活动，又是一种情感体验。审美鉴赏力是审美感受能力、审美想象能力、审美理解能力的综合表现。审美鉴赏尺度既有个性差异，又有客观一致性。

二、中职语文美育实践的策略

当前，在中职语文教学中采用了实操性强、符合学生发展规律的美育实践方法，对中职学生的专业技能培训、完美人格培养和审美能力培养都起到了极大的促进作用。但在这个过程中仍存在着许多亟待完善的地方，现对中职语文美育实践的实施提出以下策略：

（一）增强中职学生的审美素养

1. 积极参与社会生活实践

部分中职生的审美认知存在偏差，为了树立正确的审美观，除了课堂教学的耳濡目染、潜移默化外，更要鼓励中职生积极参加社会生活实践，接触形形色色的群体，增加生活阅历。利用业余时间去超市、餐厅等地打工，体会到父母挣钱的艰辛；去敬老院、福利院做义工，学会关爱他人；去平津战役纪念馆、周邓纪念馆等地参观，学会敬畏、学会珍惜。

2. 将阅读与写作融入生活

中职生要培养自己的阅读兴趣和阅读习惯，在老师课堂教学的引领下，掌握阅读方法和技巧，激发阅读兴趣，通过阅读获得情感体验。阅读经典文学作品，吸收中国传统文化的精髓，提升自己的审美鉴赏水平。积极配合老师参加班级的"好书推介""讲故事比赛""制作阅读小报""读书笔记评比"等活动，在欣赏美和鉴赏美的基础上，通过老师搭建的展示舞台，运用语言和行动来表现美和创造美。

写作教学是中职语文教学中的重点和难点，要通过阅读的积累走出写作难的困境，引导学生在大量阅读的基础上，摘抄好词好句好段，并背诵下来，积累优美的语言文字。每天通过网络、课外书等渠道抄写 300 字的具有正能量、符合时代特色的名人事迹，积累写作素材，为动手写作奠定坚实的基础。在阅读中还要认真琢磨别人的行文思路、文章立意、结构选材等，取其精华，化为己用，从而进行积极有效的审美创造。

（二）提升语文教师的综合素质

1. 教师具备深厚的基本能力

中职语文老师要讲一口流利的普通话、写一手好字，具有扎实的基本功。要多读优秀的中外文学作品，能出口成章，出手成文，有较高的文学素养。因中职学校的特殊性，教师要与时俱进，在教学中能熟练运用信息技术，能广泛涉猎各个领域，实现各学科之间资源的相互渗透、相互融合。教师在解读文本时要有自己独特的视角，能够把内容讲深讲透，旁征博引，讲出真知灼见，保证语文教学内容的时代性和社会性，这就需要深厚的文化底蕴和丰富的生活经历做支撑，在课堂教学中要选取符合时代发展的、适合中职生的、对学生有用得、又能激发积极性的内容，用美的形式传递美的内容。只有提高了中职语文教师的基本功及审美素养，才能提高中职生的审美水平。

2. 了解学生认知水平与心理特点

中职学生学习基础薄弱、学习能力差、性格敏感、自尊心强、缺乏自信心。但成绩不代表学生的所有，在设计语文实践活动时，教师要掌握中职生的认知规律，能够让课堂符合中职生的心理水平和学习水平，尊重学生的个体差异，由浅入深、由易到难。另外，教师要非常了解学生的情况，因材施教，根据学生的不同特点布置任务，让每个人发挥自己的优势和特长，在活动中找到"存在感"，提升自信度。中职学生的形象思维很强，可以多设计一些此类活动，如观看电影、演话剧、做读书手抄报、唱诗词等和语文相关的内容，让学生在活动中慢慢获得审美感受，提升审美水平。

3. 在语文课堂中注重生活化教学

语文教学各方面都蕴含着丰富的生活内容，对我们现行的语文教材进行一个深入的分析可以发现课文中富有凝练生动的文学语言、多姿多彩的艺术形象、优美深邃的意境等，这些无不来源于生活。无论是知识的学习、内容的把握，还是语言的分析、课堂形式的设计，都可以从生活中吸取营养，同时加以改造利用，生活因素基本渗透整个语文教学。因此语文教师必须充分结合生活因素，同时利用本学科的特点对学生进行生活化的教学。

（1）教学资源的生活化。丰富多彩的社会生活为语文课教学提供了取之不尽、用之不竭的"素材。"在以往教学中，教学的资源由老师收集提供给学生，教学资源必须实现生活化，由于课堂上的情境由老师提供，学生能够真正参与的非常少，所以这不是学生的真实的体验，因此学生对其无法提起兴趣。相反如果让学生参与进来，由学生提供教学资源，那么由于与学生的生活密切相关，学生就会积极参与进来，这样将有利于教学活动的进行，也有利于学生的学习。

（2）教学内容的实践化。课堂教学必须源于现实生活，又高于现实生活，丰富的社会生活提供了丰富的教学素材，激活这些素材，怎样使零散的生活素材更好地为教学服务，发挥它的教育功能是课堂教学生活化的关键所在。辩证唯物主义认识论认为人的认知规律就是实践—认识—再实践—再认识，就是从实践中来，再回到实践中去。生活化的教学除了注重教学素材，教学情境的生活化外，也要注重教学内容落实的生活化。为此，生活化课堂必须具有学生自主学习、主动探究氛围，充分发挥学生的主体意识，促使他们积极感悟、体验生活的价值和生命的意义。

（3）教学方法的生活化。中等职业技术学校由于主要是向市场提供专业技术人才，因此其办学有其特殊性，主要是面向社会，每个专业对于语文教学的需求不同，中等职业教育主要分文、理两个大专业，因此各专业侧重的方向不同。例如，文科专业侧重于理论知识的学习，但理科方面则是侧重于对实践的要求。因为专业侧重不同，未来工作岗位的不同，教师在语文教学中必须注意到这些问题，并提出相应的整改方案，将教学方法生活化。不同的专业按不同的要求进行教学大纲和教学课件的制作，以满足学生的不同需要，同时将生活原型作为探索实践活动的感性支撑，建立一种开放的、与生活相结合的、生动的课堂教学方式，就是教学方式生活化。例如，我们平时可用扮演法让学生去体验知识，用实话实说讨论法让学生去评价认识，用新闻播报演讲法让学生去分析问题。

4. 引导文本教学的审美体验和创造

通过长期的语文教学的实践可以得知，审美教育是一种可以让人身心愉悦的教育，可以使人的情操、品德等得到陶冶和深化，是一种人们愿意去探索、去追求的教育方式。

（1）文本教学的审美体验。

第一，阅读教学"读"的审美教育。由于我国的中等职业教育发展较晚，学生对文学作品的鉴赏能力、写作能力等比较欠缺，学生阅读的文学作品较少，因此不能够从一些优秀文化中接受各种教育。审美教育简而言之即对审美进行的教育，为了使人对美的认识更加形象化而进行的一项教育，具有非常重要的意义。可见，如果不进行审美教育，那么这种教育便是一个不符合科学的教育。从另一个角度而言，一个人如果不能认识到正确的审美观和认识美的能力的重要性，那么他的人格健全性上就会受到影响。对于教育者说，必须重视审美教育，只有这样才能做到教书育人。审美理解，即在审美活动中，作为审美活动的主体已经开始或者正在慢慢地对所要研究的对象的联系、关系、内容和形式的特征及其本质的思维活动有一个初步的了解，抽象的逻辑思维不是审美理解，它是在生动的创造性想象中，在热烈的情感体验中不着痕迹地进行。

审美理解是一种心理活动，主要是指审美活动由感性深化到理性而始终不脱离感性的它指引和规范着知觉，想象的趋势，制约和推动着情感的展开，是整个审美心理结构的理性基础。如果没有审美理解，那么直觉也只是对对象的外在的一种形式的表面的认识，无法进入其实质中去。同时想象力只能算是没有实际意义的一种不切实际的幻想，审美情感也失去了规范。审美理解的培养首先要做的是理论和生活经验的准备，还可以根据不同的审美形式采取不同的方式，像是通过参加艺术鉴赏来加深对各种艺术特殊的表现形式和表现力的理解。例如：欣赏京剧，要懂程式动作的含义、脸谱的象征意义；欣赏芭蕾，要懂各种舞蹈动作的情感内涵。这里我们主张的是一种以读为主的审美教育。不论从心理还是生理上，"读"可以调动身体的各个环节，从而促进学生的审美教育，因此语文教师必须充分结合各种因素，利用课文中凝练生动的文学语言、多姿多彩的艺术形象、优美深邃的意境来培养学生读的能力使其对文章中的意境有更深刻的体会。

第二，从课文的人物形象中发掘美。课本一般都是非常经典的教材，其中对人物的描述也是非常细致，从其中我们也能看到美的影子。由于对美的鉴赏尺度既有个性差异，又有客观一致性，所以在培养人的审美鉴赏力时，一方面，要强调发展审美个性、尊重个人的审美选择和审美爱好；另一方面，要引导受教者，培养受教者具有符合时代、民族、社会要求的审美意识。要引导学生厘清趋新和求美的区别，不盲目地追风，要欣赏那些既有时代感，又有民族特色的真、善、美的东西；要引导学生欣赏各种类型的美，如写实的、具象的现实主义艺术，表现的、抽象的现代主义艺术等；要培养年轻人掌握审美鉴赏的规律，从形式到内容，从内容到形式，对审美对象的外在美和内在意蕴反复观赏、品味，悟出真义，获得积极主动的审美享受和对对象的中肯的评价。

第三，进行诗词教育，让学生充分认识并了解到其中蕴含的美好场景。中国古文化源远流长，留下了许多美好的诗词，其中蕴含的美景让人流连忘返，因此可以引导学生多阅读这样的诗词，从中领略各种美，从而提高其文学鉴赏能力。因此中职教师们更要不断提高自身的文学修养，研究古诗词及其他可以让人联想到美好情景的诗词。

（2）文本教学的审美创造。在语文教学中，创造一词非常重要，审美教育不是只教给学生如何去审美，不是静态地去观看某一样漂亮的东西，而是要教给学生一种创造力。审美创造力，是指一个审美主体首先设计自己的审美理想，根据自己的审美理想，按照美的规律，在掌握外在对象或物质材料的内在规律的基础上，运用技巧创造美的能力。人的审美创造力体现在人的实践活动的方方面面。

审美创造力的培养，先要激发审美教育对象的创造欲和想象力，要鼓励他们爱美、追求美，不安于现状，敢于超越，充分发挥创造性的想象能力，去创造美的生活、美的艺术。审美创造力的培养还要使创造者具有从事美的创造的必需的各种规律性的知识，要有对对象内在规律的知识性把握。培养审美创造力，要使创造主体有创造美的技能和技巧。技术是技巧的基础，是创造主体支配创作材料的能力，技术在美的创造中得心应手的应用就是技巧。只有掌握了高超的技巧，才能进入从心所欲不逾矩的自由境界。审美创造力的培养，尤其要强调创造个性的发挥。

5. 语文教师需要助力学生未来发展

中职语文美育实践要为学生的未来发展奠基。中职语文课作为文化基础课，在重视专业技能培训的职校本身就是在夹缝中生存，我们一线语文教师一定要利用有限的课程资源，结合专业特色，注重学科间融合，使语文课堂实践和语文课外活动并重，让学生认识到学好语文对他们的专业技能的掌握是有帮助和促进作用的，学好语文能丰富他们的精神内涵，净化他们的心灵，陶冶他们的情操，能激发他们各个方面的潜能，能帮助他们树立人生理想，从而提高审美情趣和审美创造力，为他们未来的人生发展助力。

（三）强化中职校园美育的氛围

1. 为学生创设美育环境

学校要多利用本土资源，组织学生去革命纪念馆、名人故居、自然科学博物馆、科技馆、海洋博物馆等地方参观，营造良好的美育氛围。要加强学校的物质文化建设，学校的宣传橱窗、楼道、教室的墙面等地方都要进行精心的设计，给学生以美的启迪和熏陶。要加强学校的精神文化建设，将校园变成学生展示的舞台，结合时代特色，开展丰富多彩的校园活动，给学生搭建出彩的平台，创造出彩的机会，弘扬和传承中华优秀传统文化，提高学生的美学修养。

2. 为教师创造学习机会

只有教师具备良好的美学修养，把知识讲的活灵活现，内容讲的丰富多彩，才能吸引学生的注意力，调动学生的学习积极性，提升学生的审美素养。学校要为老师们提供更多的学习机会，开展形式多样的、内容丰富的美育培训。还要在职校中树立自己的美育实践的优秀典型，加大宣传力度，激发中职教师的工作积极性，探索出一条属于职教的美育之路。

（四）营造良好社会与家庭环境

1. 社会各行业的助力

现在社会中的信息流传很广，而中职生的审美辨别能力差，经常会以美为丑、善恶不辨，这就需要社会范围内在传播信息时要进行把关，多播放、传播真善美的内容，而负能量的信息要及时制止，在社会范围内创设一个良好的美育氛围。同时开拓社会信息渠道，补充教学资源。邀请律师、警察、法官来学校现身说法，增强中职生的法治观念；邀请医生来学校讲解急救知识及在工作中如何避免不必要的人身伤害；邀请消防人员来学校指导逃生演练及灭火器的使用，在面对事故时具备应急疏散能力；邀请各行各业的先进人物和优秀代表，讲述他们的工作经历和创业历程，引导中职生从身边的小事做起，从所在的工作岗位干起，踏实肯干，坚持不懈。集全社会之力，为中职生的成长助力。

2. 家庭教育积极配合

家庭是学生的第一课堂，家长是孩子的第一任老师，要创造民主和谐的家庭环境，创设优雅向上的家庭氛围。家长要多读有益的书，多看积极上进的视频，在舆论上要传播正能量。家长要踏实工作，认真努力，在言传身教上给孩子树立榜样，为学生创造美的生活环境。

第四节　中职语文教学中美育的实践运用

中职语文教学任务其中之一就是要根据学生的实际情况因材施教，建立和健全学生们的人格和高尚的情操。因此，我们要"善于挖掘教材中的美育素材，选择适当的方式，让美育渗透到语文教学中"①。对于每一位工作在第一线的语文教育工作者而言，需要积极主动的寻求教学技巧结合语文学科特色教育的特点，努力提升语文教学中对美学的学习和思考，在语文教学中渗透审美教育。

一、品析文章进而欣赏美的意义

中职的语文教材都是经过语文教育专家针对学生年龄分布、知识组成结构、心理感悟阶段、中职培养计划等方面特点编成、不同的文学形式各具独特的美质：小说的人物形象美，故事情节美，典型环境美、散文的意境美、杂文的犀利美，诗歌的音韵美，议论文的说理美，说明文的情趣美等。如散文《荷塘月色》，朱自清在这篇文章中，抓住了"荷塘月色"的特点，寓情于景、情景交融，用诗化的语言，创造出素淡朦胧、和谐宁静、令人神往的美好境界；宋词《满江红》音调铿锵、节奏稳健、气势磅礴，感情昂扬而壮烈，具有撼人心魄的艺术魅力，洋溢着抗金民族英雄的浩然正气、爱国情怀和英雄气概。

二、以相关情境创设美的意境

第一，熟悉文章思想，巧妙设计教学重点。中职语文教师在设计教案时，要厘清教材中情感的源头、趋向、起伏、强弱。通常需要切准文章的感情基调，厘清作者感情起伏变化的特点。例如，朱自清的《荷塘月色》，全文充满了淡淡的哀愁和喜悦，体现出作者当时复杂心情，这就需要我们语文教师联系课文，细心引导学生体会作家笔下一处景色一种感情的奇妙之处，不同的景色和景物反映不同的感情，让学生们顺利融入文章中去准确感受作者的思想感情，提高学生自主学习能力。

第二，强化朗读，诱发通感。朗读是文字转化为有声语言的创造性活动，具有移情作用，能激发美感，唤起内心想象，感受作品意境，并能引起共鸣。听别人朗读，可以自觉地进行审美的判断，真切感受到作品的情谊，受到感染，产生共鸣，自觉接受语文教育。因此，在讲解课文时，要引导学生对精彩句段、篇章反复咀嚼，细细品味其言内之义与言外之意，领略文中情趣和意趣。

例如，孙犁的《荷花淀》有一段描写水生嫂劳动的文字，既描景状物，又写出人的精神境界，形象和意境十分鲜明生动，这种情景相生的意境，使作品具有如诗如画般美，广阔而深邃。教师如果从朗读中引导学生仔细体味，学生一定可以了解其中的美，从而增强艺术审美的感受能力。

---

①张军.中职语文教学中美育的渗透［J］.课外语文（下），2016（4）：160.

三 、从欣赏美到引导学生创造美

（一）组织社会实践，引导学生创造美

第一，感悟自然美。要鼓励学生到大自然、社会中去观察、感悟、享受自然的乐趣，从而加深学生爱国爱家的情感。例如，明媚的阳光、灿烂的星空、炊烟袅袅、大漠孤烟直、长河落日圆的气魄等，这一切都给人美的感受，是对学生进行美育教育最好的现成教材。

第二，体会社会美。现实生活中，有许多好人好事都显露着人性中崇高的思想美和心灵美。例如，组织学生观看《感动中国》，感受人性之美；参观烈士陵园，让学生感受先烈们不屈不挠的斗争精神。这些社会美不仅仅培养了学生爱美、追求美的思想，还提高了其感受美、表达美、创造美的能力。

（二）开展写作训练，培养学生创造美能力

第一，利用教材引导写作，创造新的图景、新的形象。我们可利用教材中具有思考价值的课文，充分展开想象。通过续写等方式，培养学生想象的能力，使他们驰骋想象，展示自己的才华，从而引导学生创造美。

第二，在写作中培养创造美的语言。教师在指导写作的过程中，首先，要指导学生明确写作的主题，例如，生活中那些美事、物、景等都可以成为学生习作的对象。其次，要指导学生学会运用美的语句，使用比喻、拟人、排比等修辞手法形象地表达主题。最后，指导学生掌握常用的文章结构方式，如总分总、首尾呼应、文末点题、事例铺垫、开门见山、设置悬念等。学生写作中进行运用，作品的结构就逐渐会有美的韵味，这就是在写作中引导学生创造美。

参考文献

［1］柴少丹．走近诗词浸润心灵——浅析中职语文古典诗词教学策略［J］．教学月刊（中学版），2012（8）：51-53.

［2］端木国雨．中职语文大单元教学的策略［J］．基础教育课程，2023（4）：73-80.

［3］樊美芳．中职语文教学中的德育渗透艺术［J］．当代教育论坛，2010（21）：30-31.

［4］龚旭．中职语文教学刍议［J］．软件（教育现代化）（电子版），2017（12）：278.

［5］姜红艳．中职语文"定向、导法、应用"教学模式研究［J］．教育与职业，2020（21）：96-99.

［6］康有琴．中职语文口语交际教学分析［J］．新课程·下旬，2016（7）：148.

［7］李海燕．中职语文教学要突出职教特色［J］．职业技术教育，2014，35（17）：53-54.

［8］李沅珍．浅谈新课程理念下中职语文互动教学模式的建立［J］．新一代（下半月），2015（9）：21.

［9］刘瑞斌．中职语文教学要重视学生课外阅读［J］．中国职业技术教育，2014（14）：16-18.

［10］卢义林．如何在中职语文阅读教学中培养学生逻辑思维［J］．汉字文化，2020（15）：84.

［11］玛依沙尔·亚库甫江．"互联网+"时代下中职语文项目教学模式的实践研究［J］．教育，2020（44）：8.

［12］孟庆莉．中职语文美育实践策略研究［D］．天津：天津师范大学，2020：23.

［13］倪福疆．中职"积极语文"教学模式的实践探索［J］．中国职业技术教育，2021（2）：41-44，58.

［14］钱和生，朱翠霞．中职学生语文核心素养培育研究［J］．教育与职业，2020（15）：103-108.

［15］曲秋枝．中职语文"职教味道"［J］．中学语文教学参考，2021（21）：21-22.

［16］苏娅，孟虹．中职语文"任务驱动、说写一体"教学模块的设计［J］．教育与职业，2012（29）：128-129.

［17］ 田甜．中职语文阅读教学生活化实践探索［D］．大连：辽宁师范大学，2014：5.

［18］ 王素霞．中等职业学校语文课程专题教学的观念和策略［J］．职业技术教育，2021，42（26）：23-27.

［19］ 魏光宇．关于中职语文教学价值定位及其实现的思考［J］．传播力研究，2020，4（17）：181.

［20］ 许敬惜．中职语文应用文教学策略探讨［J］．当代教育论坛，2011（24）：71-72.

［21］ 杨同菊．浅谈中职语文教学［J］．文理导航·教育研究与实践，2014（9）：34.

［22］ 杨晓燕．在中职语文教学中传承传统文化：内容建构与策略选择［J］．职业技术教育，2021，42（29）：51-55.

［23］ 余艳秋．文本细读在中职语文阅读教学中的应用研究［D］．昆明：云南师范大学，2016：17.

［24］ 张军．中职语文教学中美育的渗透［J］．课外语文（下），2016（4）：160.

［25］ 张圣起．中职语文阅读教学的人文教育探析［D］．石家庄：河北师范大学，2010：12.

［26］ 张晓利．浅谈中职语文教学生活化的设计与实践［J］．中国职业技术教育，2010（2）：50-52.

［27］ 张颖松．思维导图在中职语文写作教学中的运用分析［J］．职业，2018（2）：114.

［28］ 智翠然．语文教师学科教学知识发展策略研究［D］．石家庄：河北师范大学，2011：31.

［29］ 周欣．中职语文教学的问题与对策［J］．教育理论与实践，2016，36（6）：18-19.

［30］ 朱晓民．语文教师教学知识发展研究［M］．北京：教育科学出版社，2010.

［31］ 庄洁．新媒体对民族地区中职语文教学的影响［J］．中国报业，2022（16）：122-123.